الوسيلة
في
البلاغة العربية

جمع وإعداد
د / علاء إسماعيل إبراهيم
(عابر سبيل)

ماستر

ALAA ISMAEL

الوسيلة في البلاغة

د/ علاء إسماعيل إبراهيم

الجمع والإخراج

التجهيزات الفنية بدار ماستر للنشر

رقم الإيداع/ 16085 / 2020م

ISBN: 978-977-85768-0-1

Draft2digital ISBN: 9798227011213

جميع حقوق الطبع محفوظة للناشر

©

2023م

Email: master.publisher@hotmail.com

Facebook: facebook.com/Master.PH

Smashwords: smashwords.com/master.ph

Tel & Whatsapp/+2 0128 730 3637

بسم الله الرحمن الرحيم

" رَبِّ أَوْزِعْنِي أَنْ أَشْكُرَ نِعْمَتَكَ الَّتِي أَنْعَمْتَ عَلَيَّ وَعَلَى وَالِدَيَّ وَأَنْ أَعْمَلَ صَالِحاً تَرْضَاهُ وَأَدْخِلْنِي بِرَحْمَتِكَ فِي عِبَادِكَ الصَّالِحِينَ "

صدق الله العظيم

النمل (19)

المقدمة

الحمد لله رب العالمين، والصلاة والسلام على أشرف الخلق والمرسلين سيدنا محمد ﷺ، أما بعد:

فإن الوقوف أمام ظواهر الأشياء دون التعمق في أسرارها حاجز منيع أمام المعرفة الكاملة. والتعمق لا يكون إلا بالعقل السليم الذي يدرك الحقيقة، ثم يأتي الذوق ليدرك قيمة الجمال، ويضع إطارا للصورة التي رسمها المبدع.

والبلاغة وسيلة مهمة من وسائل إدراك المعنى والجمال، وأداة ناجحة لتنمية الذوق وتهذيبه.

ولا شك في أننا نفتقد تلك الوسيلة الضرورية نتيجة إهمالنا اللغة العربية التي تشكو الغربة والجحود.

ومن هنا جاءت فكرة هذا العمل الذي يهدف إلى تقديم البلاغة لمحبي اللغة في يسر ووضوح دون تعقيد؛ كي يستطيع القارئ أن يصنع الإطار الجميل لكل عمل أدبي يمازجه، ويمتلك الوسيلة التي تأخذ بيده نحو فهم اللغة وقراءة التراث الأدبي والبلاغي. ومن ثم يبدع إبداع الفكر ثم إبداع التأليف.

ولى الكاتب وجهه شطر مصادر البلاغة يستمد منها مادة الكتاب، ثم عرضها عرضا يضع طلاب اللغة ومحبيها في أول الطريق نحو تعلم اللغة العربية.

وسيلة يبتغي بها الوصول حتى نملك أداة البحث والقراءة والإبداع.

والله المستعان.

عابر سبيل
وردان ـ منشأة القناطر ـ الجيزة
01284171207

الفصل الأول
علم البيان

البلاغة:" هي مطابقة الكلام لمقتضى الحال".
علم البيان: هو "أصول وقواعد يعرف بها إيراد المعنى الواحد، بطرق يختلف بعضها عن بعض، في وضوح الدلالة على نفس المعنى".

أولا: التشبيه

تعريفه

" هو إلحاق أمرٍ بآخر في صفة مشتركة بينهما بواسطة أداةٍ من أداوت التشبيه لغرض معين. "

مثل قولنا: " مررت برجل مثل البحر في الكرم".

فقد ألحقنا أمرا وهو " الرجل " بآخر وهو " البحر " لاشتراكهما في صفة " الكرم " بواسطة أداة من أدوات التشبيه وهي " مثل " لغرض معين وهو إظهار كرم الرجل.

أركانه

للتشبيه أربعة أركان وهي:

1. **المشبه:** وهو ما نشبهه بغيره أو الأمر الذي يراد إلحاقه بغيره.
2. **المشبه به:** وهو ما نشبّه غيره به أو الأمر الذي يراد إلحاق غيره به.
3. **وجه الشبه:** وهو الشيء المشترك بين المشبه والمشبه به، وهو المعنى الذي يجمع المشبه والمشبه به.
4. **أداة التشبيه:** وهي الأداة التي تستعمل لربط المشبه بالمشبه به.

ويسمى المشبه والمشبه به " طرفي التشبيه "، مثل: -

[البيت مثل الحديقة في الجمال]

[المشبه + أداة + مشبه به + وجه الشبه]

أدوات التشبيه:

1. حروف وهي: (الكاف، وكأنّ).

الكاف:

تدل على المشبه به، مثل قوله تعالى:

"وَلَهُ الْجَوَارِ الْمُنْشَأَتُ فِي الْبَحْرِ كَالْأَعْلَامِ "[1].

فقد صورت الآية الجواري (السفن) بالأعلام (الجبال)، وذلك دلالة على الضخامة وتأتى للتشبيه والتعليل. ومثل قول الشاعر:

لك سيرة كصحيفة الــــ أبرار طاهرة نقية

كأنّ:

يليها ـ في الغالب ـ المشبه، وهي أقوى وأبلغ من (الكاف)، لأنها تدل على أن المشبه أصبح هو المشبه به،وتأتى (كأنّ) للتشبيه والشك.مثل قول الشاعر:

كأني أنادى صخرةَ حين أعرضت من الصم لو تمشى بها العُصم زلت

(العصم: جمع أعصم وهو الظبي)

صور الشاعر إعراض المحبوبة عنه كأنه ينادى صخرة لا تسمع. ومثل :

كأن مشيتها من بيت جارتها مر السحابة لا ريث ولا عجل

1.أسماء:

ومن الأسماء التي تستخدم أداة للتشبيه: ـ

[مثل ـ شبه ـ مشبه ـمماثل، ..... إلخ]،*ـمثل:

(العلم مثل الغيث يحيي القلوب). فقد شبه العلم في أثره وفائدته بالمطر يبعث الحياة فيالأرض. والقلب الجاهل الغافل لا حياة فيه حتى يعلم ويدرك. والاداة هنا (مثل) للربط بين المشبه (العلم)، والمشبه به (الغيث).

ومثل قول الشاعر:

ومن يأمن الدنيا يكن مثل قابض على الماء خانته فروج الأصابع

1.أفعال:

[شابه ـ ماثل ـ حاكى ـ ضارع ـ ...]

وأفعال القلوب أيضًا: [ظن ـ حسب ـ زعم ـ خال ـ.....]

*ـمثل قولنا: " إذا رأيت صديقي **حسبته** أسدًا في عرينه".

فقد شبه الصديق بالأسد، والأداة هنا " حسب " (فعل).

*ـ **مثل قول الشاعر** :

قومٌ إذا لبسوا الدُّروعَ **حَسِبْتَها** سُحُبا مَزرَّدةً على أقمار

*ـ **ومن الشواهد التي جمعت الحرف والفعل ، قول الشاعر** :

والحقُّ في يد عادلٍ مُنَصـــرمٍ **كالسيف ماثَلَ** حدَّهُ السياف

الحق مثل السيف في حسم الأمور وتحقيق العدل، والأداة هنا " الكاف " والفعل (ماثل).

وجه الشبه

وهو الصيغة المشتركة بين المشبه والمشبه به .

*ـ **قال تعالى** :" ثُمَّ قَسَتْ قُلُوبُكُمْ مِنْ بَعْدِ ذَلِكَ فَهِيَ كَالْحِجَارَةِ أَوْ أَشَدُّ قَسْوَةً "[2].

وجه الشبه : هو القسوة في تشبيه القلوب بالحجارة .

*** مثل قول الشاعر :**

شبيه البدر حسنا وضياءً ومنالا وشبيه الغض لينًا وقوامًا واعتدالا

الصفة المشتركة بين المحبوب والبدر تتمثل في الحسن والضياء والمكانة العالية.

*** ومثل قولنا :** هو كالثعلب في المكر . (وجه الشبه المكر).

<u>ملحوظة مهمة:</u>

*ـ يجب في التشبيه أن يكون وجه الشبه معروفا في المشبه به ، وأن يكون للمشبه به شهرة بوجه الشبه ، فمثلا عندما نقول : " محمد كالأسد .."

فوجه الشبه هنا الشجاعة، والأسد معروف بشجاعة، له شهرة بها.

لذلك أخذ النقاد على الشاعر قوله:

فألفيت الأمانة لم تَخُنْها كذلك كان نوح لا يخون

فالمشبه به (نوح) لم يكن مشهورا؛ لذلك يُعاب التشبيه.

***ـقد يكون وجه الشبه مفردا** مثل السرعة والكرم والشجاعة ...الخ، **وقد يكون مركبا** مثل وصف الشاعر حاله مع محبوبته بقوله:

كأني وإياها سحابة ممطر رجاها فلما جاوزته استهلّت

فقد هجرته وابتعدت عنه، وكان الوصل لغيره، وصورها بسحابة مملوءة ممطرا تجاوزته وهو شديد العطش فلما بعدت عنه استهلت وأمطرت مطرا عظيما.

<u>(من أنواع التشبيه)</u>

<u>1. التشبيه المفصل</u>

وهو ما ذكر فيه وجه الشبه منصوبا على التمييز، أو مجرورا بحرف الجر (في) مثل:

***ـ (الرجل مثل البحر كرما، وطبعه كالنسيم في الرقة) .**

ـ " الرجل مثل البحر كرما". شبه الرجل بالبحر في الكرم والجود , (وجه الشبه الكرم).

ـ "طبعه كالنسيم في الرقة " مشبه (طبعه)، الأداة(ك)، المشبه به (النسيم)، وجه الشبه (الرقة).

وهذا التشبيه يدل على رقة هذا الإنسان وإحساسه المرهف.

***ـ أنت كالشمس في الضياء وإن جاوزْ ت كيوانَ في عُلُوَّ المكان**

(الكيوان : زحل وهو أعلى الكواكب السيارة)

أنت (مشبه) ، الشمس (مشبه به) ، ك (الأداة) ، فى الضياء (وجه الشبه) تشبيه يوحي بمكانة هذا الإنسان وعلو شأنه فقد جمع بين الضياء والنور وعلو المكانة وسمو الروح .

***ـ هي الظبى جيدا والغزالة مقلة وروض الربا عرفا وغصنُ النَّقَا قَدَّا**

***ـ ومنه أيضًا قولنا : (الأم مثل المدرسة فى التربية).**

الأم لها دور كبير فى المجتمع فهي نواة الأسرة وعمادها ، تقوم بالتربية وغرس القيم والأخلاق كي تثمر أزهار الربيع فى المجتمع ، لذلك فهي تشبه المدرسة التى تقوم بدور عظيم فى بناء المجتمع .

ـ الأم (مشبه) ، مثل (الأداة) ، المدرسة (مشبه به) ، فى التربية (وجه الشبه))

***ـ ومثل : ـ (العلم كالنور فى الهداية) (كأن البيت حديقة جمالًا).**

<u>التشبيه المجمل</u>
(مشبه + الأداة + مشبه به) , وهو مالم يذكر فيه وجه الشبه .
*- مثل :- العلم فى الصغر كالنقش على الحجر .
العلم (مشبه) ، ك (أداة التشبيه) ، النقش (مشبه به) .
فالعلم فى الصغر يشبه النقش على الحجر فى الحفظ والثبات .
*- قال الشاعر :- سارت بنا الأفلاك والنيلُ كـالمـرآة
- النيل (مشبه) ، ك (أداة) ، المرآة (مشبه به) .
النيل يشبه المرآة تنعكس على صفحته صورة الأشياء ، وهذا التشبيه يوحي بجمال وصفاء النيل .
*- قال الشاعر :-
إنما الدنيا كبيت نسجه من عنكبوت
- الدنيا (مشبه) ، ك (الأداة) ، بيت العنكبوت (مشبه به) .
تشبيه يوحي بهوان الدنيا وحقارتها وضعفها ,ويبعث التحذير فى النفوس من الدنيا وزينتها الزائفة .
وإذا ذُكر وصف للمشبه أو المشبه به لا يخرج التشبيه عن إجماله .
*- مثل :قول الرسول ﷺ : " أصحابى كالنجوم بأيهم اقتديتم اهتديتم". - أصحابي (مشبه) ، ك (الأداة) ، النجوم (مشبه به).
و هذا الحديث يدل على مكانة الصحابة ، تلك المكانة التى جعلتهم مثل النجوم تقتدي بها فى ظلمات الحياة حتى نصل إلى النور .
*- ومثل قول الشاعر (وجعله بعضهم من التشبيه التمثيلى) :-
وما المرءُ إلاّ كالشهاب وضوئه يحور رمادا بعد إذ هو ساطع
*- قال الشاعر :
غيرى جَنَى وأنا المعاقب فيكُم كأنَّـنى سبـّابـةُ المُتَنَدِّم
شبه الشاعر نفسه بسبابة المتندم يقع عليها الجزاء ، ويترك صاحبها ووجه الشبه هو معاقبة البريء وترك الجانى .
<u>التشبيه المؤكد</u>
(مشبه + مشبه به + وجه الشبه)
و هو ما حذفت أداته.مثل قول الشاعر :
هم البحور عَطاءً حين تسألهم وفى اللقاء إذا تلقى بِهْم بَهَمُ
[البَهَمُ : واحدة بهمة : وهو الذى لا يدرى كيف يؤتى]
*- ومثل : أنت نجمٌّ فى رفعة وضياء تجتليك العيونُ شرقًا وغربا
*- ومثل قولنا : (الأم مدرسة فى التربية) -(البيت حديقة جمالا)

1.التشبيه البليغ : (مشبه + مشبه به).

وهو ما حُذف منه الأداة ووجه الشبه ، مثل قول الشاعر :

شعاعك تاريخ ونورك حكمة ولمحك آمالٌ ونهجك مهيع

[مهيع : واسع ، رحب]

* شعاعك (مشبه) ، تاريخ (مشبه به) . تشبيه يوحي بمكانة الممدوح وعظمته .

و كذلك : (نورك حكمة)

ومن صوره :

أ) **المبتدأ والخبر** ، قال الشاعر :

أنت سر العلاء ، أنت إمام أنت نجمٌ ، بل أنت أنت الضياءُ

● أنت (مشبه) / سر العلاء (مشبه به) .

● أنت (مشبه) / نجم (مشبه به) . أنت (مشبه) / الضياء (مشبه به)

ثلاثة تشبيهات توجي بمكانة الممدوح وعلو شأنه .

* ـ **قال أحمد شوقي :**

نفسي مرجل وقلبي شراع بهما فى الدموع سيري وأرسي

نفسي (مشبه) / مرجل (مشبه به) . قلبي (مشبه) / شراع (مشبه به) .
الشاعر يشعر بالحنين إلى الوطن ويتمنى العودة إليه ، لذلك فهو يجعل أنفاسه المشتعلة محركا بخاريا لسفينة العودة ,وقلبه شراعا كي تصل السفينة إلى مصر، ودموعه الكثيرة بحرا تمضي فيه السفينة قاصدة بلاده .

ب) **المضاف والمضاف إليه** ، قال الشاعر :

قرأنا عليك كتاب الحياة وفَضَّ الهوى سرها المغلقا

إضافة المشبه به (الكتاب) إلى المشبه (الحياة) .
وفى ذلك دلالة على أهمية التعلم من تجارب الحياة وخبرتها .

* ـ **ومثل قول الشاعر :**

والريحُ تعبث بالغصون وقد جرى ذهب الأصيل على لُجين الماء

[الأصيل : أشعة الشمس قبل الغروب ـ اللجين : الفضة الذائبة]

إضافة المشبه به (الذهب) إلى المشبه (الغروب) ،وكذلك إضافة المشبه به (اللجين) إلى المشبه (الماء) بجامع اللون فيهما .

ج)**المفعول المطلق المبين للنوع:**

مثل : (**هجم الرجل هجوم الأسد**) ـ (**راغ روغان الثعلب**).

د)الحال وصاحبها : مثل :ـ (عاش الرجل نجمًا بيننا) .

وأطلق عليه (التشبيه البليغ) للدلالة على أن المشبه والمشبه به أصبحا شيئا واحدًا ، وذلك لتأكيد المعنى وفيه دعوى الاتحاد بين الطرفين .

1.**التشبيه التمثيلى** : (تشبيه التمثيل) [تشبيه صورة بصورة]

وهو ما كان وجه الشبه فيه صورة منتزعة من متعدد .

*ـقال تعالى:ـ " مَثَلُ الَّذِينَ يُنْفِقُونَ أَمْوَالَهُمُ ابْتِغَاءَ مَرْضَاةِ اللَّهِ وَتَثْبِيتًا مِنْ أَنْفُسِهِمْ كَمَثَلِ جَنَّةٍ بِرَبْوَةٍ أَصَابَهَا وَابِلٌ فَآتَتْ أُكُلَهَا ضِعْفَيْنِ "[3].

(الصورةالأولى)	(الصورةالثانية)
صورة من ينفق أمواله فى سبيل الله ابتغاء مرضاته يضاعف الله له الثواب	صورة الجنة التى أتت أكلها ضعفين نتيجة المطر

*قال تعالى :

" مَثَلُ الَّذِينَ حُمِّلُوا التَّوْرَاةَ ثُمَّ لَمْ يَحْمِلُوهَا كَمَثَلِ الْحِمَارِ يَحْمِلُ أَسْفَارًا بِئْسَ مَثَلُ الْقَوْمِ الَّذِينَ كَذَّبُوا بِآيَاتِ اللَّهِ وَاللَّهُ لا يَهْدِي الْقَوْمَ الظَّالِمِينَ "[4].

* ـ قال الرسولﷺ:ـ " مثل المؤمنين فى توادهم وتراحمهم كمثل الجسد الواحد إذا اشتكى منه عضو تداعى له سائر الجسد بالسهر والحمى "

(الصورة الأولى)	(الصورة الثانية)
صورة المؤمنين فى تعاونهم وتراحمهم	صورة الجسد إذا مرض منه عضو تألمت له بقية الأعضاء

*ـ قال الشاعر

كأنَّ مثار النقع فوق رءوسنا وأسيافنا، ليلٌ تهاوى كواكبه

(الصورة الأولى)	(الصورة الثانية)
صورة الغبار الذي غطى أرض المعركة فيظلمها وقد لمعت فيها السيوف	صورة الكواكب التى تلمع أثناء تحركها وتساقطها فى الليل المظلم

*ـ قال الشاعر :

هو الشمس مجراها بعيد وضوؤها قريب، وقلبى بالبعيد موكَّل

(الصورة الأولى)	(الصورة الثانية)
يتحدث الشاعر عن إنسان قريب منه لكنه بعيد المنال	الشمس بعيدة فى جرمها قريبة فى شعاعها

* ـ قال الشاعر

ينتابها موج كموج مكارهي ويفتها كالسقم فى أعضائي

- موج كموج (مجمل) / موج مكارهي (بليغ)

والبيت كله تشبيه تمثيلي حيث يشبه الشاعر صورة الموج وهو يحطم أجزاء الصخرة القوية بصورة الألم وهو يحطم قلبه الحزين.

*ـ ويقول أيضا:

مرت خلال غمامتين تحدرا وتقطرت كالدمعة الحمراء

شبه الشاعر صورة الشمس وهي تغيب بين سحابتين بالدمعة الحمراء تتساقط من العين ..... تشبيه يوحي بمشاركة الطبيعة للشاعر حزنه وألمه، وتبدو دقة الشاعر في اختيار كلمة " غمامتين " للدلالة على الحزن الذي يبدو من اللون الأسود، والأمطار التي تدل على دموعه الحزينة.

1.التشبيه الضمني:

هو التشبيه الذي يُفهم من سياق المعنى ويتضمنه هذا السياق من الكلام، وغالبًا ما يكون المشبه به في التشبيه الضمني برهانًا وتعليلًا للمشبه، ويؤتى به لبيان أن الحكم الذي أسند إليه المشبه ممكن الوقوع".

ومن أمثلته: قول المتنبي:

من يهن يسْهُل الهوان عليه ما لجرح بميت إيلام

حيث صور الإنسان الذي يقبل الذل والإهانة ويرضى بها بالميت الذي لا يتأثر بالجراح، فوجه الشبه بينهما عدم الإحساس، وقد أشار الشاعر إلى ذلك على سبيل التشبيه الضمني.

* ومثل قول الشاعر :

لا تنكري عُطْلَ الكريم من الغنى فالسيل حربٌ للمكان العالي

فقد صور حال الإنسان الكريم وقد حُرم من الغنى، ولم تكن لديه ثروة كبيرة بصورة المكان العالي مثل قمة الجبل لا يستقر عليها ماء السيل. والتشبيه هنا يحتاج إعمال العقل، نظرًا لبعده وجماله، فالإنسان الكريم يشبه قمة الجبل في السمو والمكانة العالية، وهو لا يمسك المال لنفسه، بل ينفقه على غيره حاملًا له الخير، مثل قمة الجبل التي تجعل السيل يندفع نحو الأرض يحمل الحياة.

* **ترجو النَّجاة ولم تسلك مسالكها إن السفينة لا تمشى على اليبس**

شبه الإنسان الذي يريد الفوز والنجاة ولم يأخذ بالأسباب، ولم يتبع الطريق المستقيم بصورة السفينة التي إن سارت فوق الماء الضحل تحطمت، ولن تصل إلى غايتها.

*** سيذكرني قومي إذا جدّ جدُّهم وفى الليلة الظلماء يُفتقد البدرُ**

صور الشاعر حالته وهو بعيد عن قومه وقد كانوا في أشد الحاجة إليه، بصورة الناس وهم يفتقدون البدر في الليلة الظلماء.

*** أرى الزَّعامةَ رَدْحا لا دوام له إنَّ العناقيد لا تبقى على الشجر**

فإن فترة الزعامة لا تدوم، مثل الثمار فوق الشجرة لابد أن تسقط يوما ما.

*** ويلاه إن هي أقبلت أو أدبرت وقع السّهام ونزعهن سواء**

فقد صور حاله عندما تقبل عليه محبوبته بالألم الشديد الذي أصابه من شدة حبه لها، وكذلك عندما تنصرف يشعر بألم لفراقها مثل صورة السهم الذي يصيب الإنسان فيجعله يتألم، وعندما يُنزع يشعر الإنسان بالألم أيضا.

*** تصف الدواء لذي السقام وذي الضنى كيما يصح به وأنت سقيم**

صور الإنسان الذي ينصح غيره ويدعوه إلى الخير وإصلاح النفس وفى الوقت نفسه يبتعد عن الخير ويفعل الشر بالطبيب الذي يصف الدواء للمريض كي يحظى بالشفاء وينسى نفسه ويتركها فريسة للمرض يدمرها. وهذا التشبيه يوحي بأهمية إصلاح النفس أولا.

1. التشبيه المقلوب: (المعكوس)

وهو وضع المشبه مكان المشبه به، لبيان أن وجه الشبه في المشبه أقوى منه في المشبه به. فمثلا عندما نقول " الجندي مثل الأسد "، فإننا صورنا الجندي بالأسد لأن الشجاعة في الأسد معروفة ظاهرة فهو أقوى من الجندي، ولكننا عندما نقول "الأسد مثل الجندي" فهذا يعنى أن شجاعة الجندي عظيمة وبلغت حدا كبيرا الدرجة أنه تفوق على الأسد وأصبح أكثر منه شجاعة.

ومن أمثلته:

*** في طلعة البدر شيء من محاسنها ....**

فقد جعل البدر في جماله وروعته وصورته الكاملة شبيها لمحاسن المحبوبة بل فيه شيء من محاسنها العظيمة.

*** وتداعى أمواه الفُرات كأنّهُ تعاقُبُ دَمْع العين وهو يسيل**

فالتشبيه هنا مقلوب حيث صور مياه الفرات في سيلها وجريانها بدموع العين وتدفقها الشديد، للدلالة على كثرة الدموع

*** يكاد يحكيك صوبُ الغيث منسكبا لو كان طلق المحيّا يُمطِرُ الذهبا**

فقد صور الغيث فى نفعه وكرمه مثل الممدوح الذى يتصف بالكرم الشديد.

<u>(أغراض التشبيه)</u>

<u>* سر جمال التشبيه</u>

<u>1.التشخيص: وهو تشبيه غير العاقل بالعاقل (الإنسان) .</u>

مثل: القلم مثل الصديق يدافع عنى .

(القلم : غير عاقل / الصديق : عاقل) .

<u>2ـ التجسيم :</u> وهو تشبيه المعنوى بالمحسوس المادى .

مثل : انتصر الجنود (بسيف الحق) .

(الحق : معنوي / السيف : مادي) .

<u>3ـ التوضيح :</u> وهو تشبيه المحسوس بالمحسوس أو المعنوى بالمعنوى .

مثل:

وكأن سُرْعة فهمه لمصيبتى وحيٌ تنزَّل من عُلوِّ سماء

صورة سرعة الفهم (معنوى) بالوحى (معنوى) .

ومثل قولنا :[القلم سيف ننتصر به] (مادى بمادى)

والغرض من التشبيه هو توضيح المشبه ، وذلك عن طريق إظهاره بصفة المشبه به .

<u>ومن أغراضه :</u>

<u>1.بيان حال المشبه :</u>

وذلك حينما يكون المشبه غير معروف الصفة قبل التشبيه ، مثل قول الشاعر :

فالوردُ فى أعلى الغصون كأنه مَلِكٌ تَحُفُّ به سُراةُ جُنودِهِ

جملة (تحف به سراة جنوده) وضحت صورة تشبيه الورد بالملك .

<u>1.بيان إمكان حاله:</u>

إذا كان المشبه من الأمور الغريبة التى يستبعد حصولها ويدعى استحالتها وذلك حين يُسند إليه أمر مستغرب ، لا تزول غرابته إلا بذكر شبيه له ، مثل :

ويلاه إن هى أقبلت أو أدبرت وقع السّهام ونزعهن سواء

إقبال المحبوبة مثل وقع السهام ، وإدبارها مثل نزعها وكلاهما مؤلم .

1. بيان مكانة المشبه : مثل قول الشاعر :

فإن تفق الأنام وأنت منهم فإن المسك بعض دم الغزال

فهو (أى : الممدوح) يتفوق على الناس كلهم ، مثل دم الغزال الذى يتميز براحته الطيبة وهو نوع من أنواع الدم ، ولكنه يفوقها منزلة .

1. بيان مقدار حال المشبه :

عندما تكون صفة المشبه معروفة معرفة إجمالية، فيأتى التشبيه ليبين مقدارها فى القوة أو الضعف، زيادة أو نقصانا ، مثل :

فأصبحتُ من ليلى الغداة كقابض على الماء ، خانته فروجُ الأصابع

فحال الشاعر مع محبوبته يشبه حال من يقبض على الماء يريد إمساكها فلا ينال شيئا .

1. تقرير حال المشبه :

وذلك عندما يكون التشبيه أمرا معنويا لا تدركه الحواس، فيؤتى بتشبيه حتى تدركه الحواس ، مثل :

إنّ القلوب إذا تنافر ودُّها مثلُ الزجاجةِ كسرها لا يجبر

فقد صور القلوب المتنافرة (وهو أمر معنوى) بالزجاج المتناثر (وهو أمر حسى)، وذلك لبيان استحالة العودة مرة أخرى للأمل الذي كانت عليه القلوب .

1. تزيين المشبه أو تقبيحه :

فمن باب التزيين والمدح قول الشاعر:

كأنك شمس والملوك كواكب إذا طلعت لم يَبْدُ منهنّ كوكب

ومن باب التقبيح والتشويه قول الشاعر

وإذا أشـــار مُحدثًا فكأنه قِردٌ يقهقه أو عجوزٌ تلطم

(الاستعارة)

<u>* تعريف الاستعارة :</u>

هى" استعمال اللفظ فى غير ما وضع له لعلاقة المشابهة بين المعنى المنقول عنه والمعنى المستعمل فيه ، مع قرينه صارفه عن إرادة المعنى الأصلى".

وأصلها تشبيه بليغ حذف منه المشبه أو المشبه به ، مثل :

(حمل الأسد السلاح وعبر القناة) أصل الجملة :

" حمل الجندى السلاح وعبر القناة مثل الأسد فى الشجاعة والإقدام " .

حذف المشبه (الجندى) وذكر المشبه به (الأسد) والقرينة التى تمنع المعنى الأصلى (حمل السلاح وعبور القناة) فالأسد لا يحمل سلاحا .

<u>* أركان الاستعارة</u>

1.المشبه (مستعار له)

2.المشبه به (مستعار منه)

3.اللفظ المنقول (مستعار)

<u>*أنواع الاستعارة:</u>

<u>1- الاستعارة التصريحية</u>

هى : " ما يصرح فيها بلفظ المشبه به المستعار ويحذف المشبه".

(يذكر المشبه به فقط) . *ـ مثل قوله تعالى :

" كِتَابٌ أَنزَلْنَاهُ إِلَيْكَ لِتُخْرِجَ النَّاسَ مِنَ **الظُّلُمَاتِ** إِلَى **النُّورِ**"[5].

[المشبه : الضلالات ـ المشبه به : الظلمات]

[المشبه : الإيمان ـ المشبه به : النور]

وقد حذف المشبه وذكر المشبه به، وذلك للدلالة على الترابط القوى بين الضلال والظلام، وبين الإيمان والنور .

***- قال الشاعر:**

وصاعقةٍ فى كفه ينكفى بها على أروس الأعداء خمسُ سَحَائبِ

[المشبه : السيف ـ المشبه به : الصاعقة]

حذف المشبه وصرح بالمشبه به للدلالة على قوة سيفه وأثره فى إلحاق الأذى مثل الصاعقة.

***- قال الشاعر :**

إذا المرءُ لم يدنس من اللُّؤم عِرضُه فكل رداء يرتديه جميلُ

[المشبه : الصفات الطيبة ـ المشبه به : الرداء]

صور الصفات الطيبة بالرداء الذي يزين الإنسان ويكسوه جمالا ، وذلك لبيان أهمية الصفات الحسنة ودورها في حياة الإنسان .

* ـ قال الشاعر :

تصف الدواء لذى السَّقام وذى الضَّنَى كيما يَصحَّ به وأنت سَقِيمُ

[المشبه : النصيحة ـ المشبه به : الدواء]

شبه النصيحة بالدواء لبيان أثرها في بناء الفرد والمجتمع .

* ـ وتقول الأم لابنتها :

" أى بنية ، إنك فارقت الجو الذى منه خرجت ، وخَلَّفتِ العش الذى فيه درجت إلى وكر لم تعرفيه , وقرين لم تألفيه ...".

[المشبه : بيت الأب ـ المشبه به : العُش]

[المشبه : بيت الزوج ـ المشبه به : الوكر]

شبهت بيت أهلها بالعش ، وذلك لبيان أن حياتها في بيت أبيها مرحلة انتقالية، وشبهت بيت الزوج بالوكر الذى غالبا ما يكون في الجبل أو في الجدار لبيان أن حياتها في بيت زوجها هى الأساس والذى من أجله خلقت لتلعب دورها في تكوين أسرة صالحة .

* ـ قال الشاعر

واستخبر الناس عما أنت جاهله إذا عميت فقد يجلو العمى الخبر

ـ الجهل (مشبه محذوف) / العمى (مشبه به) .

وسر جمال الاستعارة هنا التوضيح، وتوحي بسوء الجهل والتنفير منه فالإنسان الجاهل يشبه الأعمى الذي يسير بلا هدى في حياته .

* ـ ويقول العقاد في " رثاء مي "

أين مي ؟ هل علمتم أين مي ؟

الحديث الحلو واللحن الشجي

صوتها (مشبه محذوف) / اللحن الشجي (مشبه به) .

قوله يوحي بعذوبة صوتها وجماله فهو كاللحن الحزين يثير في النفس ما يثيره، ويؤثر في النفس ويملك زمامها .

* ـ ويقول " محمود حسن إسماعيل " متحدثا عن وطنه

يا صخرة وهنت رياح الدهر ـ هي الدهر ـ لم تهن

ـ الوطن (مشبه محذوف) / صخرة (مشبه به).

ـ التحديات (مشبه محذوف) / رياح الدهر (مشبه به).

الاستعارة هنا للدلالة على قوة الوطن أمام التحديات التى تمر به .

2ـ الاستعارة المكنية

"هى التى يذكر فيها المشبه ويحذف المشبه به ويكنى عنه بلازم من لوازمه "
لذلك سميت استعارة مكنية أو استعارة بالكناية ، مثل : أقبل الربيع ضاحكا .

شبه الربيع (المشبه) بإنسان (المشبه به) وحذف المشبه به وكنى عنه بلازم
من لوازمه وهو الضحك ، وذلك لبيان أثر الربيع الجميل .

***ـ قال تعالى:" وَاخْفِضْ لَهُمَا جَنَاحَ الذُّلِّ مِنَ الرَّحْمَةِ "[6].**

شبه الإنسان بطائر ذى جناح ، حذف المشبه به (الطائر) وذكر شيئًا من
لوازمه وهو الجناح ، لبيان أهمية طاعة الوالدين والحث على ذلك .

***ـ ومن أمثلتها أيضا قول الشاعر :**

ولقد ذكرتك والنهار مودعٌ والقلب بين مهابة ورجاء

(النهار مودع) شبه النهار بإنسان يودع وحذف المشبه به وصرح بالمشبه
وذكر صفة للمشبه به وهى الوداع ، وذلك لبيان الحزن والألم الذى أصابه .

*** أطالت وقوفا تذرف العينُ جهدها على طلل القبر الذى فيه أحمد**

(أطالت وقوفًا تذرف العين) شبه العين بإنسان يقف حزينا أمام قبر الرسول
ﷺ وتوحى بشدة الألم والحزن الذى يشعر به الشاعر .

*** الذكر فيه حياة للقلوب كما يُحيى البلادَ ـ إذا ماتت ـ المطر**

(حياة القلوب) شبه القلوب بأشخاص يبعث الذكر فيها الحياة، وذلك لبيان أثر
القرآن الكريم .

وكذلك قوله (يحيى البلاد) ، شبه البلاد بأشخاص .

*** سألتك يا صخرة الملتقى متى يجمع الدهر ما فرقا**

شبه الصخرة بإنسان يسمع النداء ، وذلك للدلالة على مكانة الصخرة عنده
كأنها صديق شاهد على أجمل الذكريات لدى الشاعر .

*** وإذا المنية أنشبت أظفارها ألفيت كل تميمة لا تنفع**

شبه المنية بحيوان مفترس , حذف المشبه به (الحيوان) وجاء بشيء من
لوازمه وهو الأظفار ، للدلالة على شدة الموت وتمكنه من الإنسان .

*** لا تعجبى يا سلم من رجل ضحك المشيب برأسه فبكى**

(ضحك المشيب) استعارة مكنية حيث شبه الشيب (الشعر الأبيض) برجل
يضحك بجامع البياض فى كل منهما ، للدلالة على تمكن الشيب منه وكبر سنه .

ملحوظة مهمة: من أسرار جمال الاستعارة :-

1.**التوضيح** : لأنها تعتمد على التصوير فى توضيح المعنى .

2.**التجسيم:** لأنها تجعل الشيء المعنوى ماديا يدرك ويعرف ،مثل :

(غرست الصبر) صور الصبر بنبات.

1.التشخيص: لأنها تجعل الشيء المعنوى والمادى إنسانا يتحرك ويشعر ,مثل : (سافر الحزن فى دمى) صور الحزن بإنسان .

3ـ الاستعارة التمثيلية

هى : " استعمال اللفظ المركب فى غير ماوُضع له لعلاقة المشابهة ، مع وجود قرينة مانعة من إرادة المعنى الأصلى. فالاستعارة التمثيلية تعتمد على تصوير هيئة (صورة) بهيئة أخرى أو بصورة أخرى .
لذلك تُعد من باب المجاز المركب.
قال تعالى:"يَا أَيُّهَا الَّذِينَ آمَنُوا لَا تُقَدِّمُوا بَيْنَ يَدَي اللَّهِ وَرَسُولِهِ وَاتَّقُوا اللَّهَ *ـ إِنَّ اللَّهَ سَمِيعٌ عَلِيمٌ]"[7.
صورت الآية حال المتعجل بالحكم قبل إذن الله بصورة المتقدم بين يدى متبوعه.

* مثل :ـ قول الوليد بن يزيد : " فإنى أراك تُقَدِّم رِجْلا وتؤخِّر أخرى "
(الصورة الأولى)   (الصورة الثانية)

صورة الرجل المتردد فى فعل الشيء صورة من يقدم رجلًا ويؤخر أخرى
أو الإحجام عنه (المشبه)   (المشبه به)

فقد استعار اللفظ المركب يقدم رجلا ويؤخر أخرى على طريق الاستعارة التمثيلية.

*ومنها قولنا" إنه ينفخ فى رماد".
فقد شبه من يعمل عملًا لا فائدة منه بهيئة من ينفخ فى رماد لن يشتعل.
* قال المتنبى :
من يك ذا فم مرٍّ مريض يَجدُ مُرًّا به الماءَ الزُّلالا
فقد شبه صورة الذين يذمون شعره ، بسبب نقص ملكاتهم الأدبية والعيب فى تذوقهم الشعرى بصورة المرضى الذين يعانون من أثر المرض فى تذوقهم ، لذلك فإن الماء العذب عندهم مرّ لمرضهم .
*ومنها قول الشاعر:
متى يَبلُغ البنيانُ يوما تمامه إذا كنت تبنيه وغيرك يهدمُ؟
شبه صورة من يصلح ويدعو إلى الرشاد ويُفسد الآخرون عمله بمن يحاول أن يبنى ويهدم الآخرون بنيانه.
من أنواع الاستعارة أيضا:

1.باعتبار اللفظ المستعار :

(أ) الاستعارة الأصلية :
وهى ما كان اللفظ المستعار فيها اسما جامدا (غير مشتق) .مثل :

يا قمرا أَبْرَزَهُ مَأْتَمٌّ يِنُدبُ شَجْواً بين أتراب

كلمة (قمر) اسم جامد ، لذلك فالاستعارة هنا أصلية .

(ب) الاستعارة التبعية:
وهى ما كان اللفظ المستعار فيها اسما مشتقا أو فعلا . مثل :

لا تعجبى يا سلم من رجل ضحك المشيب برأسه فبكى

(ضحك المشيب) استعارة مكنية،واللفظ المستعار هنا " ضحك " وهو فعل ، فهى بهذا الاعتبار" تبعية".

1.باعتبار ما يتصل بها من الملائمات :

(أ) الاستعارة المجردة:
هى إضافة صفة تلائم المشبه ، مثل قول الشاعر :

يُؤَدُّون التحية من بعيد إلى قمر من الإيوانِ بادِ

"قمر" استعارة حيث شبه الإنسان الجميل بالقمر ، ثم ذكر ما يلائم القمر وهو "معه الإيوان بادٍ" أى مشرق الطلعة .

(ب)الاستعارة المرشحة:
وهى إضافة صفة تلائم المشبه به : مثل قول الشاعر :

رميتهم ببحر من حديد له فى البر خلفَهُم عبابُ

"بحر" استعارة حيث صور الجيش القوى بالبحر ، ثم ذكر ما يناسب البحر وهو "عباب " أى ماء كثير .

- ومثل قول الشاعر :

أتاك الربيع الطلق يختال ضاحكا من الحسن حتى كاد أن يتكلما

شبه الربيع بإنسان يأتي ويختال ويضحك ويتكلم .

(جـ) الاستعارة المطلقة:
وهى التى لم يذكر فيها الملائم لأحد الطرفين، مثل :

(رأيت بحرا) شبه الممدوح بالبحر ولم ذكر شيئا يلائم أحد الطرفين .

الكناية

" لفظ أطلق وأريد به لازم معناه ، مع قرينه غير مانعةٍ ، من إرادة اللازم مع الملزوم أى مع جواز إرادة المعنى الأصلي " .

فالأديب عندما يستخدم الكناية يترك المعنى الأصلي الذي يريد التعبير عنه، ويلجأ إلى لفظ آخر يعبر عنه عما يريد ملازم للمعنى الأول،مثل:

" فلان بيته مفتوح " فالمعنى المقصود هو الكرم وهو المعنى الأصلي، لكن العبارة تحدثت عن معنى ملازم له وهو أن البيت مفتوح وهذا دلالة على الكرم.

أنواع الكناية :

1. كناية عن صفة:

يصرح بالموصوف وبالنسبة إليه ، ولا يصرح بالصفة المرادة ولكن يذكر مكانها صفة تستلزمها ، مثل :

← أ) قال تعالى :" وَيَوْمَ يَعَضُّ الظَّالِمُ عَلَى يَدَيْهِ "[8]. كناية عن الندم .

← ب) قال تعالى :"وَلَا تُصَعِّرْ خَدَّكَ لِلنَّاسِ وَلَا تَمْشِ فِي الْأَرْضِ مَرَحا "[9].

← كناية عن التكبر والفخر .

← ج) " فلان نقى الثوب". كناية عن صفة العفاف والطهر .

← د)" نظر إلى الدنيا بمنظار أسود". كناية عن التشاؤم .

← ه)" احمر الوجه". كناية عن الخجل .

← و) قال رسول الله ﷺ " كلكم لآدم وآدم من تراب " .

(كناية عن المساواة بين البشر)

← ز) قال الشاعر :

فمسَّاهُم وبسطهم حَريرٌ وصَبَّحهُمُ وَبَسْطُهُمُ تُرَاب

← ـ " بسطهم حرير ". كناية عن العزة والسيادة والترف .

← ـ " بسطهم تراب". كناية عن الفقر والذل .

وبلاغة الشاعر تكمن فى الموازنة بين حال القوم قبل هجوم الممدوح عليه حيث كانوا يعيشون في ترف ونعيم وعزة وبين حالهم بعد الهجوم حيث تحولوا إلى الذل والفقر والمقابلة هنا مع الكناية تبرز قوة الممدوح .

← ح) قال الشاعر:

وما يكُ فىَّ من عيب فإني جَبانُ الكلب مَهْزُولُ الفَصيلِ

◄ ـ "جبان الكلب". كناية عن الكرم, فالبيت لا يخلو من الضيوف ؛ لذلك صمت الكلب .

◄ " مهزول الفصيل". كناية عن الكرم ، فالفصيل هو ولد الناقة ، وقد أصابه الضعف لأنه محروم من لبن الناقة التى يُسقى لبنها للضيوف ويطعمونه لحمها .

ط) يقول ابن الفارض :

تحكَّم فى جِسْمي النُّحُولُ فلوْ أَتَى لَقْبِضِي رَسُولٌ ضَلَّ في مَوْضِع خالٍ

فحبه الشديد لله تعالى أصاب الجسم بالنحول فملك الموت لو أتى لقَبض روحه احتار في أمره ؛ لأنه يطلب جسما غير موجود من شدة الضعف.

ي) يقول الشاعر :

فكدت ولم أملك إليها صبابةً أَهُيم وفاض الدمعُ منى على النَّحْرِ

" فاض الدمع على النحر " كناية عن كثرة الدموع حتى بلت نحره .

ك) يقول الشاعر :

يكاد فضيضُ الماء يخدش جلدها إذا اغتسلت بالماء من رقَّة الجلد

البيت كناية رائعة عن رقة المحبوبة ، فرذاذ الماء وليس الماء ، هذا الرذاذ هو الذي يخدش ويجرح ، وكأنَّ جلدها لا يحتمل الماء نفسه !! .

ل) يقول الشاعر :

سئمت تكاليف الحياة ومن يعيش ثمانين حولًا لا أبا لك يسأم

◄ ـ (سئمت تكاليف الحياة) كناية عن معاناة الشاعر.

◄ ـ (ثمانين حولا) كناية عن عمره المديد والسأم والضيق؛ بسبب طول عمره ومشقات الحياة .

م) قال الشاعر :

وما أخمدت نار لنا دون طارق ولا ذمنا فى النازلين نزيل

كناية عن الكرم ، لأن العرب كانوا يوقدون النار لإعداد الطعام ،وهداية للضيف حتى يراهم وينزل ضيفا عندهم

ن) ومن الكناية عن صفة أيضا :

" ألن جانبك لقومك يحبوك ، وتواضع لهم يرفعوك ، وأبسط لهم وجهك يطيعوك". (كناية عن اللين والتواضع والبشر والسعادة) .

1.كناية عن موصوف :

"أن يذكر الأديب صفة أو عدة صفات، ويقصد بذكر تلك الصفات الدلالة على موصوف معين " . مثل:

أ) قوله تعالى :" وَحَمَلْنَاهُ عَلَى ذَاتِ أَلْوَاحٍ وَدُسُرٍ "[10] .كناية عن السفينة .

ب) قال تعالى :"أَوَمَنْ يُنَشَّأُ فِي الْحِلْيَةِ وَهُوَ فِي الْخِصَامِ غَيْرُ مُبِينٍ "[11] . حيث كنى عن المرأة بصفتين وهما التنشئة في الحلية وعدم الإبانة في الخصام .

جـ) قال الشاعر :

يابنة اليم ما أبوك بخيل مالُه مولعا بمنع وحبس

ـ "ابنة اليم " كناية عن السفينة التي تلازم اليم وهو البحر .

د) قال الشاعر :

وَمَنْ فِي كفِّه منْهم قناةٌ كمن فِي كفِّه منْهم خِضَابُ

ـ حمل القناة والسلاح من خصائص الرجال كناية عن موصوف وهو " الرجل".

ـ" وخضاب الكف"(الحناء) من سمات المرأة كناية عن موصوف وهو " المرأة" .

هـ) قال الشاعر :

إنَّ الذى ملأ اللغات محاسنا جعل الجَمَال وسِرَه فى الضَّاد

◄ـــــــ ـلغة الضاد كناية عن موصوف " اللغة العربية".

◄ـــــــ و) " أم المصائب " كناية عن الخمر ؛لأنها تجلب المصائب للإنسان .

ز) " موطن الأسرار " . كناية عن القلب .

ح) ومن الكناية عن موصوف أيضا قول الشاعر :

كل ابن انثى وإن طالت سلامته يوما على آلة حدباء محمول

◄ـــــــ ـ (ابـــــــن انثى) كناية عن الإنسان .

◄ـــــــ ـ (آلة حدباء) كناية عن النعش .

1.كناية عن نسبة

وهى: " أن يريد الأديب إثبات صفة لموصوف معين أو نفيها عنه ، فيترك إثبات هذه الصفة لموصوفها صاحبها ، ويثبتها لشيء آخر شديد الصلة وثيق الارتباط به " مثل:

◄ أ) " المجد بين ثوبيه". كناية عن نسبة المجد للممدوح.

ب) قال الشاعر:

فما جازَهُ جُودٌ ولا حلَّ دُونَه ولكن يسيرُ الجودُ حيث يَسيرُ

كناية عن نسبة الكرم للممدوح، حيث جعل الجود (الكرم) يسير حيث يسير الرجل ، فهو ملازم له لا يفارقه .

جـ) قولنا : " مثلك لا يكذب". كناية عن الصدق ونفى الكذب عن طريق نفيه عن نظير مشارك له ما يعنى النفى عنه .

د) قول الشاعر :

يبيت بمنجاةٍ من اللوم بيتها إذا ما بُيُوتٌ بالملامة حُلَّتِ

فالشاعر يثبت لزوجته الصفات الطيبة كلها، ومنها العفة ، فالبيت الذى تعيش فيه لا يعرف طريقًا للفواحش لذلك فهو بمنجاة من اللوم فى الوقت الذى قد تهدم البيوت الأخرى ..... والبيت كناية عن نسبة العفة إلى البيت ويقصد نسبة العفة إلى زوجته .

هـ) قولنا" الأمانة فى يديه " .

كناية عن نسبة الأمانة للشخص المقصود بالحديث، عن طريق نسبته الأمانة إلى يديه .

*** بلاغة الكناية وسر جمالها :**

<u>سر جمالها</u> :" الإتيان بالمعنى مصحوبًا عليه بالدليل فى إيجاز وتجسيم".

فهى تبرز المعقول فى صورة المحسوس ، مما يجعل المعنى أكثر بيانا .

ـ انظر إلى **قول الرسول ﷺ" لا ترفع عصاك عن أهلك " .**

كناية عن التأديب ، والمراد لا ترفع التأديب عنهم ، فكنى عن ذلك بالعصا لأن التأديب في الأكثر لا يكون إلا بالعصا .

ومن جمال الكناية أيضا:

1- أنها تفيد المبالغة فى المعنى وتفخيمه فى نفوس السامعين مثل الآيات التى تصف مشاهد يوم القيامة ، اقرأ قوله تعالى :-

" يَوْمَ تَرَوْنَهَا تَذْهَلُ كُلُّ مُرْضِعَةٍ عَمَّا أَرْضَعَتْ وَتَضَعُ كُلُّ ذَاتِ حَمْلٍ حَمْلَهَا وَتَرَى النَّاسَ سُكَارَى وَمَا هُم بِسُكَارَى وَلَكِنَّ عَذَابَ اللهِ شَدِيدٌ " [12] بتدرك جيدا أهوال ذلك اليوم وشدته .

2- وكذلك تستخدم الكناية فى التعبير عن المعانى غير المستحسنة بألفاظ لا تعافها الأذواق مما يجعل أسلوب المتحدث راقيا جميلا .

ـ قال تعالى :" مَا الْمَسِيحُ ابْنُ مَرْيَمَ إِلاَّ رَسُولٌ قَدْ خَلَتْ مِنْ قَبْلِهِ الرُّسُلُ وَأُمُّهُ صِدِّيقَةٌ كَانَا يَأْكُلانِ الطَّعَامَ"[13].

" يأكلان الطعام " كناية عن قضاء الحاجة .

3ـ والكناية تُمَّكن الأديب من التعبير عن أمور كثيرة يخشى الإفصاح بذكرها .

مثل قول المتنبى :

فلو كان ما بى من حبيب مُقَنَّع عَذَرْتُ ولكن من حبيب مُعَمَّم

فقد كنى عن سيف الدولة بالحبيب المعمم دون التصريح بذكر اسمه .

المجاز المرسل

هو " الكلمة المستعملة فى غير ما وضعت لعلاقة غير المشابهة بين المعنيين ، ويكون هناك تلازم وترابط بين المعنيين ويسوغ أحدهما فى موضع الآخر " وهو ما يطلق عليه " علاقة المجاز المرسل " ،

* خطوات استخراج المجاز المرسل :

1- نستخرج المعنى المجازي (الخيالي الذي لا يحدث) .

2- نضع المعنى الحقيقي مكانه.

3- نحدد العلاقة بين المعنى المجازي والحقيقي .

فمثلًا : عندما نقول : " أمطرت السماء **رزقًا**".

" رزقًا " كلمة استعملت فى غير ما وضعت ويقصد بها " المطر " والعلاقة بينهما واضحة فالمطر سبب ينتج عنه المال أو الرزق ، ويمكن إيضاح ذلك فى الشكل الآتى: أمطرت السماء رزقا ─────────── مطرا

- (رزقا) المعنى المجازى . (مسبب). - (مطرا) المعنى الحقيقى . (سبب). - العلاقة بينهما (المسببية).

* علاقات المجاز المرسل

1- الجزئية: يطلق الجزء ، ويراد الكل ، مثل :

أ) قال تعالى : " **قُمِ اللَّيْلَ إلَّا قَلِيلا** "[14]. القيام جزء من الصلاة .

ب) قال تعالى :" **فَتَحْرِيرُ رَقَبَة** "[15]. الرقبة جزء من العبد .

ج)" ألقى الرجل **كلمة**" . (كلمة) جزء , والمراد كلمات .

د) وكم علمته نظم القوافى فلما قال **قافية** هجانى

"قافية" جزء , والمراد : بيت من الشعر أو أبيات

هـ) قولنا" أرسل العدو **عيونه**" العيون يقصد بها الجواسيس .

و) قال الشاعر:

وأعلم علم **اليوم والأمس** قبله ولكنني عن علم ما في **غد** غم

- اليوم مجاز مرسل عن الحاضر علاقته الجزئية وكذلك الأمس والغد .

ز) ومثل قول الحكيم " صُن **وجهك** عن مسألة أحد شيئا " .

- الوجه مجاز مرسل عن النفس علاقته الجزئية , وذكر الوجه لأن ملامحه تدل على مشاعر صاحبه .

2- الكلية: حيث يطلق الكل ويراد الجزء ، مثل :

أ) قال تعالى :" **يَجْعَلُونَ أَصَابِعَهُمْ فِي آذَانِهِمْ مِنْ الصَّوَاعِقِ حَذَرَ الْمَوْتِ**"[16].

المراد بالأصابع الأنامل ، عبر بالكل عن الجزء ،وفى ذلك دلالة على الخوف والهلع الذى أصابهم لدرجة أنهم كادوا يدخلون أصابعهم كلها فى آذانهم حتى لا يسمعوا هذه الأصوات المخيفة

ب) قولنا" **قطعت السارق**". (السارق : كل) , والمراد يد السارق .

جـ) قال الشاعر :-

تسيل على حد الظبات نفوسنا وليست على غير الظبات تسيل

المراد بالنفوس ، الدماء ، لأن الدماء جزء من النفوس .

د) قولنا" شربت **ماء النيل**". (ماء النيل : كل) ,والمراد بعض ماء النيل .

3ـ باعتبار ما كان: وهى أن يعبر عن الشيء باسم ما كان عليه من قبل,مثل
:

أ) قوله تعالى :" وَآتُوا الْيَتَامَى أَمْوَالَهُمْ "[17]. (اليتامى) الأولاد الذين مات آباؤهم يأخذون أموالهم عندما يبلغون الرشد ، وعندئذٍ تزول عنهم صفة اليتم ، أى كانوا يتامى وجمال المجاز هنا هو الحث على إعطائهم حقوقهم كاملة فهم فى حاجة إلى العطف والإنصاف .

ب) قوله تعالى:"إِنَّهُ مَنْ يَأْتِ رَبَّهُ مُجْرِما فَإِنَّ لَهُ جَهَنَّمَ لا يَمُوتُ فِيهَا وَلا يَحْيَا "[18].

" مجرما " مجاز مرسل باعتبار ما كان عليه فى الدنيا ، وفى ذلك دليل على الذل والمهانة.

جـ) قولنا" أكلنا **قمحا**" أى أكلنا خبزا . (القمح = الماضي) . (الخبز = الحاضر).

د) " يلبس الرجل **القطن**" أى الملابس باعتبار ما كان . (القطن= الماضي) . (الملابس =الحاضر)

4ـ باعتبار ما سيكون : وهو أن يعبر عن الشيء باسم ما يئول إليه فى المستقبل، مثل:

أ) قوله تعالى :

"وَدَخَلَ مَعَهُ السِّجْنَ فَتَيَانِ قَالَ أَحَدُهُمَا إِنِّي أَرَانِي أَعْصِرُ خَمْرا "[19].

الخمر لا تعصر ، وإنما يعصر العنب ، وأطلق عليه خمرا لأنه يئول بالعصير إلى الخمر . (الخمر =المستقبل) . (العنب = الحاضر) .

ب) قوله تعالى :" وَلَا يَلِدُوا إِلَّا فَاجِرًا كَفَّارًا"[20] فالطفل لا يولد فاجرا وإنما سيئول إلى ذلك فى المستقبل . (فاجرا = المستقبل).(الطفل = الحاضر).

جـ) قولنا" رأيتها تعجن الخبز " .

والمراد العجين الذى سيئول إلى خبز فى المستقبل .

(الخبز =المستقبل) .(العجين = الحاضر) .

5ـ المحلية : وهى أن يذكر لفظ المحل ، ويراد الحال فيه ، مثل :

أ) التعبير بالصدر عن القلب فى بعض آيات القرآن الكريم , مثل قوله تعالى :

ـ "فَلَا يَكُنْ فِي صَدْرِكَ حَرَجٌ مِنْهُ"[21].

ب) قوله تعالى :"وَاسْأَلِ الْقَرْيَةَ الَّتِي كُنَّا فِيهَا وَالْعِيرَ الَّتِي أَقْبَلْنَا فِيهَا"[22]. والمراد أهل القرية وأصحاب العير ، وهذا يدل على شيوع أمر السرقة إلى درجة أنه لو سأل القرية والعير أى الجمادات والحيوانات لنطقت بها وأجابت .

جـ) قوله تعالى :" فَلْيَدْعُ نَادِيَه"[23].المراد أهل ناديه .

د) قولنا" سالت عيونه " المراد الدموع ، والعيون محل الدموع .

هـ) يقول الشاعر مخاطبا نفسه : وتنام الأرض لكن أنتِ يقظى ترقبين الأرض مجاز مرسل عن الناس علاقته المحلية ويدل على العموم والشمول وتفرد النفس بالقلق والاضطراب .

6ـ الحالية :وهى أن يذكر اسم الحال ويراد المحل ، مثل :

أ)قوله تعالى :"إِنَّ الْأَبْرَارَ لَفِي نَعِيمٍ"[24]. المراد بالنعيم مكانه وهو الجنة .

ب)قوله تعالى : "وَأَمَّا الَّذِينَ ابْيَضَّتْ وُجُوهُهُمْ فَفِي رَحْمَةِ اللهِ هُمْ فِيهَا خَالِدُونَ"[25]. المراد بالرحمة الجنة ، ذكر الحال وأراد المحل .

جـ) قول الشاعر :

ألما على مَعْنٍ وقولا لقبره سَقَتْكَ الغوادى مربعا بعد مرْبع

[الغوادى : السحاب ـ مربع : أربعة أيام متوالية]

فذكر الحال وهو معن ، وأراد ما يحل به وهو القبر .

7ـ السببية : يذكر السبب ويريد المسبب ، مثل :

أ) قول الشاعر :

إذا نزل السماءُ بأرض قومٍ رعيناه وإن كانوا غضابا

"رعيناه " أى رعينا المطر ، ذكر المطر وهو السبب وأراد النبات وهو المسبب .

ب) قوله تعالى :

" يَدُ اللَّهِ فَوْقَ أَيْدِيهِمْ "[26]. أطلق اليد وهى السبب والمراد القدرة وهى المسبب .

ت) قوله تعالى :" فَمَنْ اعْتَدَى عَلَيْكُمْ فَاعْتَدُوا عَلَيْهِ بِمِثْلِ مَا اعْتَدَى عَلَيْكُمْ "[27]. كلمة " اعتدوا " يراد بها العقوبة والجزاء والقصاص وهذا يدل على الرغبة فى العفو. ذكر السبب (الاعتداء) وأراد المسبب وهو (العقوبة والقصاص) .

8_المسببية : يذكر المسبب ويريد السبب , مثل:

أ) قوله تعالى:"وَيُنَزِّلُ لَكُمْ مِنَ السَّمَاءِ رِزْقاً"[28] . أطلق " الرزق " والمراد المطر أى ذكر المسبب وأراد السبب وهذا للدلالة على أهمية المطر كونه سببا للرزق .

ب) قوله تعالى :"إِنَّ الَّذِينَ يَأْكُلُونَ أَمْوَالَ الْيَتَامَى ظُلْماً إِنَّمَا يَأْكُلُونَ فِي بُطُونِهِمْ نَاراً"[29] . النار لا تؤكل وإنما هي جزاء الظالمين ، فهي مسببة عن أكل أموال اليتامى وفى هذا تنفير من مس مال اليتامى .

جـ) قال تعالى:"فَإِذَا قَرَأْتَ الْقُرْآنَ فَاسْتَعِذْ بِاللَّهِ مِنَ الشَّيْطَانِ الرَّجِيمِ"[30]. المراد بالقراءة ، إرادتها والعزم عليها ، ذكر المسبب وهو القراءة وأريد السبب وهو العزم والإرادة .

9_الآلية : وذلك بأن يذكر اسم الآلة ، ويراد الأثر الذى ينتج عنها ، مثل :

أ) قوله تعالى :" وَاجْعَلْ لِي لِسَانَ صِدْقٍ فِي الْآخِرِينَ "[31]. والمراد اجعل لى ذكرا حسنا ، ذكر اللسان وهو الآلة والمراد الأثر وهو الذكر الحسن .

ب)قوله تعالى :"قَالُوا فَأْتُوا بِهِ عَلَى أَعْيُنِ النَّاسِ لَعَلَّهُمْ يَشْهَدُونَ "[32] . ذكر العين وأراد البصر والرؤية ، لأن العين آلة الإبصار .

جـ) ومنها قول الشاعر : **أهواك يا وطني**
يا كل لحن فى لهاة الطير أعزفه ويعزفني

(لهاة : لحمة مشرفة على الحلق) .

مجاز مرسل عن الصوت علاقته الجزئية وذكرها يدل على عمق الحب للوطن .

10_المجاورة: وهى أن يعبر عن الشيء باسم ما يجاوره ، وذلك إذا كثر اقتران الاسمين ومجاورتهما بحيث يسوغ استعمال أحدهما مكان الآخر ، مثل :

أ)"**أصابتنا السماء** " أطلق السماء ، و أراد الغيث أى المطر .

ب)" ركب **الفرسان سروجهم** " أراد الخيول ، لكثرة مجاورة السروج لظهور الخيل .

جـ) قال الشاعر :

فشككت بالرمح الأصم ثيابه ليس الكريم على القنا بحرم

ذكر الثياب وأراد الجسد .

* بلاغة المجاز وجماله

1.الإيجاز.

2.المبالغة

3.حرية التعبير أمام الأديب ، وتحقيق الأغراض التى يهدف إليها ، مثل : التعظيم والتحقير والتهويل وغيرها

الفصل الثاني
علم البديع

<u>تعريفه</u>: "هو علم يعرف به وجوه تحسين الكلام بعد رعاية المطابقة ووضوح الدلالة".

أولا المحسنـــات المعنويـــــة
(1) الطبـــاق

"هو الجمع بين الشيء وضده فى الكلام. كالجمع بين اسمين متضادين من مثل: النهار والليل وكالجمع بين فعلين متضادين ,مثل :
أضحك وأبكى ، وكذلك كالجمع بين حرفين متضادين ,مثل : له وعليه" .
وقد تكون المطابقة بين نوعين مختلفين، مثل قوله تعالى:
"أَوَمَن كَانَ مَيْتًا فَأَحْيَيْنَاهُ"([33]). بالجمع بين الاسم " ميتا " والفعل " أحييناه".
<u>والطبـاق نوعان</u>

<u>1.طباق الإيجاب</u>

وهو مالم يختلف فيه الضدان إيجابا أوسلبا. ويأتي فيه بالكلمة ومضادها مباشرة، مثل :
أ)ـ قوله تعالى :" وما يستوى الأعمى والبصير "[34].
فقد جمع بين (الأعمى) ويقصد به الكافر، ويعنى به الجهل والضلال و(البصير) وهو المؤمن ويقصد به العلم والهدى ووضوح الرؤية.
ب) قول الشاعر:
أحرامٌ على بلابله الدوح حلال للطير من كل جنـس
الطباق هنا بين (حرام) و (حلال) .
ج) قول الشاعر
قرأنا عليك كتاب الحياة وفضَّ الهوى سرها المغلقا
الطباق بين الفعل (فضّ) والاسم (المغلقا) .
د) قول الشاعر:
ومن يجعل المعروف فى غير أهله يكن حمده ذما عليه ويندم
الطباق بين: " الحمد ، والذم " .
هـ) قول الشاعر:
أما والذي أبكى وأضحك والذي أمات وأحيا والذي أمره الأمر
الطباق بين : (أبكى، أضحك)ـ(أمات ، أحيا).

<u>1.طباق السلب</u>

وهو ما اختلف فيه الضدان إيجابا وسلبا بحيث يجمع بين فعلين أحدهما مثبت والآخر منفى أو أحدهما أمر والآخر نهي , مثل :

أ) ـ قوله تعالى :"**قُلْ هَلْ يَسْتَوِي الَّذِينَ يَعْلَمُونَ وَالَّذِينَ لَا يَعْلَمُونَ**".[35]

ـ(يعلمون ـلايعلمون) طباق بالسلب عن طريق الفعل المثبت والفعل المنفي.

ب) قال تعالى:" **يستخفون من الناس ولا يستخفون من الله ...**"[36].

(يستخفون ـ لا يستخفون) طباق بالسلب عن طريق الفعل المثبت و الفعل المنفي.

ج) ـ قال تعالى : " **فلا تقل لهما أف ولا تنهرهما وقل لهما قولاً كريما** "[37].

الجمع بين النهي والأمر (لا تقل) ، (قل) .

د) ـومن الجمع بين الأمر والنهي فى طباق السلب قوله تعالى :

" **فَلاَ تَخْشَوُاْ النَّاس واخشون** "[38].

هـ) قول الشاعر :

خُلِقوا وما خُلِقوا لمكرمــة فكأنهم خلقوا وما خلقوا

رُزِقوا وما رُزِقوا سماح يدٍ فكأنهم رزقوا وما رزقوا

(خلقوا ـ ما خلقوا),(رزقوا ـما رزقوا) طباق بالسلب عن طريق الفعل المثبت والفعل المنفي .

ملحوظة مهمة

ويلحق بالطباق ما بُني على المضادة تأويلا فى المعنى وهو أن يوهم لفظ الضد أنه ضد مع أنه ليس بضد، مثل قول الشاعر :

لا تعجبي يا سلم من رجل ضحك المشيب برأسه فبكي

فإن الضحك هنا ليس بضد البكاء؛ لأن المقصود به كثرة الشيب ولكنه من جهة اللفظ يوهم المطابقة ويطلق على هذا النوع " إيهام التضاد".

ومنه قول الشاعر:

يجزون من ظلم أهل الظلم مغفرة ومن إساءة أهل السوء إحسانا

"فالظلم " ضده العدل واستخدم الشاعر كلمة "مغفرة" ضد الظلم؛ لأن العدل جعلهم يقابلون الظلم بالمغفرة.

فائدة بلاغية

هناك نوع من الطباق يطلق عليه " التكافؤ "، وهو نوع يأتى بألفاظ المجاز (غير حقيقي) ,مثل قول الشاعر :

حلو الشمائل وهو مر باسل يحمى الذمار صبيحة الإرهاق

(الذمار : كل ما يلزمك حفظه وحمايته)

ـ (حلو ، مر) الطباق بينهما على سبيل الاستعارة ، لأن الصفات معنوية لا مادية.

(2) المقابلـــة

هي أن يؤتى بمعنيين متوافقين أو أكثر ، ثم يؤتى بما يقابل ذلك على الترتيب , مثل :

1ـ قوله تعالى:ـ " فَلْيَضْحَكُواْ قَلِيلا وَلْيَبْكُواْ كَثِيرًا"[[39]] .

2ـ قول الشاعر :

فتى كان فيه ما يسر صديقه على أن فيه ما يسوء الأعاديا المقابلة بين (يسر صديقه) × (يسوء الأعاديا) .

1. قول الشاعر:

ما أحسن الدين والدنيا إذا اجتمعا وأقبح الكفر والإفلاس بالرجل

فقد قابل ثلاثة بثلاثة :ـ (أحسن الدين والدنيا)ـ(أقبح الكفر والإفلاس) .

3ـ ومثل قول الشاعر :

وباسط خير فيك بيمينه وقابض شر عنكم بشماله

فقد قابل أربعة بأربعة صدر البيت بعجزه .

4ـ ومثل :

أزورهم وسواد الليل يشفع لي وأنثني وبياض الصبح يغرى بي

قابل خمسة بخمسة .

5ـ ومثل :

على رأس عبد تاج عز يزينه وفى رجل حر قيد ذل يشينه

قابل ستة بستة على الترتيب .

(*) سر جمال الطباق والمقابلة :

يبرز المعنى ويوضحه عن طريق ذكر الشيء ونقيضه حتى تدرك النفس المعنى .

(3) التوريـــة

تعريفها: هى " أن يذكر المتكلم لفظًا له معنيان: أحدهما قريب ظاهر غير مراد ، وبعيد خفي هو المراد",مثل قوله تعالى :

" وَهُوَ الَّذِي يَتَوَفَّاكُم بِاللَّيْلِ وَيَعْلَمُ مَا جَرَحْتُم بِالنَّهَارِ "([40]).

كلمة " جرحتم " لها معنيان : القريب غير المراد إحداث تمزق بالجسم ، والثاني البعيد المراد ــ والله أعلم ــ ارتكاب الذنوب واقترافها .

ومنها أيضا :

1- قول الشاعر :

يا عاذلى فيه قل لي إذا بدا كيف أسلو ؟

يمر بي كل وقـــت وكلما " مر " يحلــــو

كلمة "مر" لها معنيان القريب المرارة بدليل مقابلتها بكلمة "يحلو " وهو غير مراد ، والمعنى المراد البعيد "يمر " من المرور وهو المراد .

وجمال التورية هنا يكمن فى تعبير الشاعر عن شدة حبة وإخلاصه . فكلما اشتد الهجر وطال به ازداد جمالا عنده .

2-وقال الشاعر فى سياق المدح :

فالطير أحسن ما تغر د عندما يقع الندى

التورية هنا فى كلمة " الندى " المعنى القريب غير المراد ما يسقط آخر الليل من بلل ومطر خفيف والدليل ذكر الطير والتغريد سعادة بسقوطه ، والمعنى البعيد المراد الجود والكرم من الممدوح . وكأن الشاعر يحث الممدوح على كثرة العطايا ؛لأنه سوف يتقن المدح وقتها .

3-ومنها أيضا قول الشاعر :

أبيات شعرك كالقصـــور ولا قصور بها يعوق

ومن العجائب لفظها حـــر ومعناهـــا "رقيق "

كلمة "رقيق " لها معنيان القريب غير المقصود " العبد المملوك " بدليل ذكر كلمة "حر" قبله والبعيد "المعنى اللطيف الجميل " . وجمال التورية هنا يدل على قدرة الممدوح الأدبية فالمعاني أصبحت ملكا له يتصرف فيها كيفما يشاء ، وهى فى الوقت نفسه لطيفة جميلة .

4-ويقول الشاعر فى وصف راعي إبل :

صُلْبُ العصا بالضَّرْب قَدْ أدماها تَودُّ أنَّ الله قَدْ أفناها

" الضرب " لفظ مشترك بين الضرب بالعصا وهو المعنى القريب ،والسير في الأرض وهو المعنى البعيد المراد بالتورية . وجمال التورية يكمن في قدرة الشاعر على تصوير قسوة الراعي متمثلة في كثرة الضرب بالعصا ,وكثرة السعي في الأرض .

5- قول الشاعر :

سألته عن قومـــه فانثنـــى يعجب من إفراد دمعى السَّخى

وأبصر المسك وبدر الدُّجى فقال : ذا خالى وهذا أخـــى

كلمة " خالى " لها معنيان . القريب غير المراد : أخ الأم والدليل ذكر كلمة " أخى " والبعيد المراد النقطة السوداء فى الخد .

6- قول الشاعر :

والنهر يشبه مبردا فلأجل ذا يجلو الصدى

ـكلمة (الصدى) لها معنيان: 1ـالمعنى القريب (صدأ الحديد) وهو غير مقصود بدليل كلمة (يجلو). 2ـالمعنى البعيد (العطش) وهو المعنى المقصود . ويكمن جمال التورية هنا فى بيان أثر النهر الذي يزيل صدأ النفوس ويروى عطشها.

7ـقول الشاعر:

لا غرو إن حفظت أحاديث الهوى فهي الذكية ـكلمة (الذكية) لها معنيان : 1ـالقريب : الذكاء وسرعة الفهم) بدليل كلمة (حفظت). 2ـ البعيد (جميلة الرائحة)وهذا يدل على جمال هذه الأحاديث وتأثيرها فى النفس فهي تتعلق بالذاكرة فى عمق ، ولها كذلك رائحة جميلة تبعث السرور فى النفس .

8ـقول الشاعر:

كيف يشكو من الظمأ مــن لـــــه تلك العيـــون

ـكلمة (العيون) لها معنيان:

1ـالقريب : (عين ماء) بدليل كلمة (الظمأ) .

2ـالبعيد المقصود (عين المحبوبة الجميلة) .

والظمأ هنا بمعنى (الهجر) أى : كيف يستطيع أن يهجر الإنسان من يمتلك تلك العيون الجميلة ؟!!

9ـقول الشاعر :

ومن عجب أني أروى ديارهم وحظي منها حين أسألها الصدى

ـ هنا تورية مركبة:

1-(أروى):
المعنى القريب (أسقى الماء) . والمعنى البعيد(أذكر أحاديث الذكريات).
2-(الصدى):
المعنى القريب (العطش) . والمعنى البعيد (صدى الصوت الذي يمثل الوحدة وخيبة الأمل)

سر الجمال

تبعث على التفكير وتنشيط الذهن إذا جاءت طبيعية غير متكلفة ولم تكن مجرد لعب بالألفاظ دون طائل فى أداء الفكر والتعبير عن المشاعر.

4- مراعاة النظير

هى" الجمع بين أمرين أو أمور متناسبة ، لا على جهة التضاد . أي جمع شيء إلى ما يناسبه من نوعه أو ما يلائمه من أى وجه من الوجوه "،مثل :

1- قوله تعالى:" لَا تُدْرِكُهُ الْأَبْصَارُ وَهُوَ يُدْرِكُ الْأَبْصَارَ وَهُوَ اللَّطِيفُ الْخَبِيرُ"([41]) .

فإن عدم إدراك الأبصار يناسبه اللطيف ، وإدراك الأبصار يناسبه الخبير الذى يعلم كل شيء , وذلك يسمى :" تشابه الأطراف".

2-ومنه قوله تعالى :

" لَهُ مَا فِي السَّمَاوَاتِ وَمَا فِي الْأَرْضِ وَإِنَّ اللَّهَ لَهُوَ الْغَنِيُّ الْحَمِيدُ" ([42]) .

على أن ما له ليس لحاجة ، بل هو غنى عنه جواد به ، فإذا جاد به حمده المنعم عليه .

3-ومنها قول الشاعر :

فالخيل والليل والبيداء تعرفنى والسيف والرمح والقرطاس والقلم

فإن القلم يناسبه ذكر القرطاس , والسيف يناسبه ذكر الرمح .

4-يقول العقاد: **عودتنا هاهنا فصل الخطاب**

عرشها المنبر مرفوع الجناب

مراعاة النظير بين قوله :" فصل الخطاب "(القول المحكم) و " المنبر " وهذا يدل على الفصاحة والبيان .

5- يقول " محمود حسن إسماعيل " متحدثا عن وطنه :

يا كل لحن فى لهاة الطير أعزفه يعزفني

يا كل شدو من خطا الرعيان فوق العشب يسحرني

مراعاة النظير بين" لحن " ، أعزف " ,وبين " الرعيان " ، " العشب " يوحي ذلك يمدى التناغم بين معطيات البيئة وحب الشاعر لوطنه .

6-يقول الشاعر متحدثا عن نفسه :

إن سمعت الرعد يدوي بين طيات الغمام

أو رأيت البرق يفري سيفه جيش الظلام

مراعاة النظير بين : " الرعد " و " البرق " يوحى باضطراب النفس وحالة الخوف والفزع التى تصيبها .

7-ويقول كذلك: **وتخرى كنبى هبط الوحى عليه**

مراعاة النظير بين " نبى " و " وحى " يدل على حالة الخشوع عند النفس .

8- ومنه قول الشاعر :

والطير يقرأ والغدير صحيفة والريح تكتب والغمام ينقط

فالجمع بين كل أمر وما يناسبه فى البيتين واضح :

(يقرأ) و (صحيفة) ..... (تكتب) و (ينقط)

*** وقد يقصد به الجمع بين معنيين غير متناسبين بلفظين يكون لهما معنيان**
متناسبان وإن لم يكونا مقصودين ، مثل :

1- قوله تعالى :"الشَّمْسُ وَالْقَمَرُ بِحُسْبَانٍ (5) وَالنَّجْمُ وَالشَّجَرُ يَسْجُدَانِ"([43]) .

النجم : النبات الذى ينجم من الأرض لا ساق له كالبقول ، والشجر الذى له
ساق وسجودهما انقيادهما لله فيما خُلقا له .

فالنجم بمعنى النبات وإن لم يكن مناسبا للشمس والقمر ، فقد يكون بمعنى
الكوكب وهو مناسب لهما . ويطلق عليه " إيهام التناسب "

2- يقول الشاعر :

كالقسي المعطفات بل الأســهم مبرية بل الأوتار

وصف الشاعر الإبل بالنحول ، فشبهها بأشياء متناسبة ، وهى القسى والأسهم
المبرية والأوتار

5ـ تأكيد المدح بما يشبه الذم

تأكيد المدح بما يشبه الذم نوعان :

1ـ أن يستثنى من صفة ذم منفية عن الشيء صفة مدح بتقدير دخولها فى صفة الذم.

أ)ـ مثل قول الشاعر :

ليس له عيب سوى أنه لا تقع العين على شبهه

فقد نفى الشاعر العيوب عن ممدوحه حتى إنه ليس له مثيل ، وهو يؤكد المدح بكلام ظاهره ذم وهذا يدل على أنه لم يلتمس عيبا واحدا فى ممدوحه .

ب) ـ وقال الشاعر:

ولا عيب فيكم غير أن ضيوفكم تعاب بنسيان الأحبة والوطن

فقد بلغ هؤلاء القوم منزلة عظيمة، وحدا كبيرا فى الكرم حتى جعل من ينزل عليهم ضيفا ينسى أهله ووطنه من شدة إكرامهم له.

ج) ـ ويقول الشاعر:

ولا عيب فيهم غير أن سيوفهم بهن فلول من قراع الكتائب

فالقوم غلبت عليهم الشجاعة والقوة والدليل تكسّرُ حد سيوفهم من القتال المتواصل.

د) ـ أيضا يقول الشاعر :

ولا عيب فيه غير أن خدوده بهن احمرارٌ من عيون المتَّيم

احمرار الخدود ليس عيبا ولكنه تأكيد للمدح بالجمال والحياء فى الوقت نفسه فقد احمرت الخدود جمالا وخجلا من نظر المتيم شديد العشق.

2ـ يتمثل فى إثبات صفة مدح الشيء تعقبها أداة استثناء يكون المستثنى بها صفة مدح أخرى له.

من أمثلته قول الرسول ﷺ :" أنا أفصح العرب بيد أنى من قريش " . فالحديث الشريف يصف الرسول ﷺ بكمال الفصاحة ثم يذكر بعده لفظ (بيد) وهو يفيد الاستثناء مما يجعلك تشعر بأنه سيذكر أمرا غير محبوب بعده ولكن سرعان مازال ذلك فقد أورد ﷺ صفة مدح أخرى فقال : " بيد أني من قريش " قبيلة الفصاحة عند العرب .

ب) ـ ومثل :

فتى كملت أخلاقه غير أنه جواد فيما يبقى من المال باقيا

فقد أثبت الشاعر للممدوح صفة الخلق الطيب ثم ذكر صفة الجود والكرم بعد ذلك تأكيدا لمدحه.

6ـ تأكيد الذم بما يشبه المدح

وهو نوعان:ـ

1ـ أن يثبت للشيء صفة ذم ويؤتي بعدها بأداة استثناء تليها صفة ذم أخرى ,مثل:

لئيم الطباع سوى أنه جبان يهون عليه الهوان

فقد وصفه بسوء الأخلاق وذلك ذم ثم ذكر أداة الاستثناء (سوى) فأوهم السامع أنه سيذكر بعدها فضيلة لكنه أورد صفة ذم وهي الجبن والهوان وهو بذلك يؤكد الذم.

ـ ومثل قولنا أيضا: **الجاهل عدو نفسه، ولكنه صديق الحمقى.**

2ـ أن يستثنى من صفة مدح منفية صفة ذم، على تقدير دخولها فيه

ـ مثل : **(لا خير فى القوم إلا أن جارهم ذليل).**

فقد نفى عنهم كل خير ثم ذكر أداة الاستثناء (إلا) فأوهم السامع أنه سيذكر بعدها فضيلة لكنه أورد صفة ذم أخرى .

ـ ومثل قول الشاعر:

خلا من الفضل غير أني أراه فى الحمق لا يجارى

7ـ الالتفات

"هو الانتقال من صيغة إلى صيغة كالانتقال من خطاب حاضر إلى غائب أو من خطاب غائب إلى حاضر أو من فعل ماض إلى مستقبل، أو من مستقبل إلى ماض ، أو غير ذلك".

أقســـامـــه:

(1) القسم الأول:فى الرجوع من الغيبة إلى الخطاب،ومن الخطاب إلى الغيبة. وقد يكون الغرض منه تعظيم شأن المخاطب ، أو ضد ذلك وإنما يفهم المراد على حسب المعنى ،ومن أمثلته:

أ) قال تعالى:"وَقَالُوا اتَّخَذَ الرَّحْمَنُ وَلَدًا (88) لَقَدْ جِئْتُمْ شَيْئًا إِدًّا"([44]).

فقد جاء الخطاب للمحاضر " جئتم " بعد الغائب " قالوا " وذلك للإنكار والتوبيخ"

ب) قال الشاعر:

وهل هـــــى إلا مهجة يطلبونها؟ فـــإن أرضت الأحـــبة فـهي لهـــم
فــدى

إذا رمتمو قتلى وأنتم أحبتى فماذا الذى أخشى إذا كنتمو عدى

البيت الثاني خطاب للحاضر بعد البيت الأول وهو خطاب للغائب وكأنه يتمثل أحبابه الغائبين أمامه يلومهم ويعاتبهم.

ج) ومن أمثلة الانتقال من الغائب إلى المخاطب :

ـ قول " كعب بن زهير":

أنبئت أنَّ رسول الله أوعدنــــــــــــــى والعفو عند رسول الله مأمول
مهلا هداك الذي أعطاك نافلة القرآن فيها مواعيظ وتفصيل

(أوعدنى) ◈ غائب . (هداك) ◈ مخاطب .

وتبدو بلاغة الشاعر واضحة فى استخدام الالتفات ، فهو يتحدث عن رسول الله (ص) بصيغة الغائب عندما يكون الأمر متعلقًا بالتهديد والوعيد ، ثم يتحدث عنه بصيغة المخاطب عندما يكون الأمر متعلقا بالدعاء وهذا من باب الأدب فى الحديث.

د) ومن الالتفات بالرجوع من مخاطبة النفس لمى مخاطبة الجماعة:

ـ قوله تعالى:" وَمَا لِي لاَ أَعْبُدُ الَّذِي فَطَرَنِي وَإِلَيْهِ تُرْجَعُونَ "([45]).

وذلك للنصح حيث لا يريد لهم إلا ما يريد لنفسه.

هـ) ومن الالتفات بالرجوع عن الخطاب إلى الغيبة:

ـ قوله تعالى:" قُلْ يَا أَيُّهَا النَّاسُ إِنِّي رَسُولُ اللّهِ إِلَيْكُمْ جَمِيعًا الَّذِي لَهُ مُلْكُ السَّمَاوَاتِ وَالأَرْضِ لا إِلَهَ إِلاَّ هُوَ يُحْيِي وَيُمِيتُ فَآمِنُواْ بِاللّهِ وَرَسُولِهِ النَّبِيِّ الأُمِّيِّ الَّذِي يُؤْمِنُ بِاللّهِ وَكَلِمَاتِهِ وَاتَّبِعُوهُ لَعَلَّكُمْ تَهْتَدُونَ"[46)].

فقد قال ◊ ...... فَآمِنُواْ بِاللّهِ وَرَسُولِهِ...... ◊ ولم يقل " فآمنوا بالله وبي " لكي تجرى عليه الصفات التى أجريت عليه وللخروج من تهمة التعصب.

ـ **ومن أمثلة الانتقال بين المخاطب إلى الغائب.**

ـ قوله تعالى:" حتى إذا كنتم فى الفلك وجرين بهم.... "[47)]".

* **ومن أمثلة الانتقال من المتكلم إلى الغائب.**

ـ قول الشاعر:

سئمت تكاليف الحياة ومن يعش ثمانين حولا لا أبا لك يسأم

الانتقال من ضمير المتكلم (سئمت) إلى ضمير الغائب (يعيش) لإثارة الذهن ولتقرير حقيقة عامة لا خاصة .

ـ **ومن الانتقال من ضمير الغائب إلى المتكلم.**

ـ قول ذي الإصبع العدواني لابنه: " يا بُنَى إن أباك قد فنى وهو حي ، وعاش حتى سئم العيش ، وإني موصيك بما إن حفظته بلغت فى قومك ما بلغته " .

(فنى ، عاش) غائب . (إني ..) متكلم؛وذلك لإثارة الذهن، وجذب الانتباه .

(2)**القسم الثاني**

وهو الرجوع عن الفعل المستقبل إلى فعل الأمر ، وعن الفعل الماضى إلى فعل الأمر.

أ) فمن الالتفاف بالرجوع أو العدول عن الفعل المستقبل إلى فعل الأمر :

ـ قوله تعالى :" قَالُواْ يَا هُودُ مَا جِئْتَنَا بِبَيِّنَةٍ وَمَا نَحْنُ بِتَارِكِي آلِهَتِنَا عَن قَوْلِكَ وَمَا نَحْنُ لَكَ بِمُؤْمِنِينَ (53) إِن نَّقُولُ إِلاَّ اعْتَرَاكَ بَعْضُ آلِهَتِنَا بِسُوَءٍ قَالَ إِنِّي أُشْهِدُ اللّهِ وَاشْهَدُواْ أَنِّي بَرِيءٌ مِّمَّا تُشْرِكُونَ". [48)]

فقد قال " واشهدوا " ولم يقل " وأشهدكم " ليكون موازنا له وبمعناه لأن إشهاده الله على البراءة من الشرك صحيح ثابت، وأما إشهادهم فما هو إلا تهاون بهم ودلالته على قلة المبالاة بأمرهم.

ب) **ومن الالتفات بالرجوع عن الفعل الماضى إلى فعل الأمر بغرض التوكيد.**

ـ قوله تعالى:"أَمَرَ رَبِّي بِالْقِسْطِ وَأَقِيمُواْ وُجُوهَكُمْ عِندَ كُلِّ مَسْجِدٍ وَادْعُوهُ مُخْلِصِينَ لَهُ الدِّينَ كَمَا بَدَأَكُمْ تَعُودُونَ "[49)].

وكأن تقدير الكلام: أمر ربي بالقسط وبإقامة وجوهكم عند كل مسجد وذلك للعناية بتوكيده وبيان أهمية الصلاة ثم الإخلاص الذي هو أساس كل عبادة.

(3)القسم الثالث:

وهو الإخبار عن الفعل الماضى بالمستقبل وعن المستقبل بالفعل الماضى والإخبار بالفعل المستقبل يوضح الحال ويستحضر الصورة .

أ) ـ قال تعالى :

"وَمَن يُشْرِكْ بِاللَّهِ فَكَأَنَّمَا خَرَّ مِنَ السَّمَاء فَتَخْطَفُهُ الطَّيْرُ أَوْ تَهْوِي بِهِ الرِّيحُ فِي مَكَانٍ سَحِيقٍ "([50]).

كلمة " خر " بلفظ الماضى ثم عطف عليه المستقبل " فتخطفه وتهوى " لاستحضار صورة خطف الطير إياه وهوى الريح به فى مكان سحيق.

ب)ـ وقد يأتي الفعل المستقبل ليدل على معنى مستقبل غير ماض ، ويراد به أنه فعل مستمر الوجود لم يمض ، قال تعالى : "إنَّ الَّذِينَ كَفَرُوا وَيَصُدُّونَ عَن سَبِيلِ اللَّهِ "([51]). فقد عطف "يصدون" وهو مستقبل على الماضى " كفروا " لبيان أن صدهم عن سبيل الله مستمر متجدد.

ـ ومثله أيضا قوله تعالى: أَلَمْ تَرَ أَنَّ اللَّه أَنزَلَ مِنَ السَّمَاء مَاء فَتُصْبِحُ " "الْأَرْضُ مُخْضَرَّةً إِنَّ اللَّه لَطِيفٌ خَبِيرٌ ([52]).

ج) ويأتي الإخبار بالفعل الماضى عن المستقبل الذى لم يوجد بعد ؛ ليكون ذلك أبلغ وأوكد فى تحقيق الفعل.

ـ قال تعالى:"وَيَوْمَ يُنفَخُ فِي الصُّورِ فَفَزِعَ مَن فِي السَّمَاوَاتِ وَمَن فِي الْأَرْضِ "([53]).

فقد قال " فزع " بلفظ الماضي بعد قوله " ينفخ " وهو مستقبل للإشعار بتحقيق الفزع، وأنه كائن لا محالة.

ومثله قوله تعالى:"وَيَوْمَ نُسَيِّرُ الْجِبَالَ وَتَرَى الْأَرْضَ بَارِزَةً وَحَشَرْنَاهُمْ فَلَمْ نُغَادِرْ مِنْهُمْ أَحَدًا "([54]).

8- الطَّيُّ والنَّشر

" أن يذكر متعدد، ثم يذكر ما لكل من أفراده شائعا من غير تعيين، اعتمادا على تصرف السامع فى تمييز ما لكل واحد منها، وردّه إلى ما هو له."

<u>وهو نوعان</u>

(1) إما أن يكون النشر فيه على ترتيب الطي .

ـ مثل قوله تعالى: " وَمِن رَّحْمَتِهِ جَعَلَ لَكُمُ اللَّيْلَ وَالنَّهَارَ لِتَسْكُنُوا فِيهِ وَلِتَبْتَغُوا مِن فَضْلِهِ وَلَعَلَّكُمْ تَشْكُرُونَ " ([55]) .

جمع الليل والنهار ثم جعل السكون " لليل " وابتغاء الرزق " للنهار " على الترتيب .

ـ ومثله: " فعلُ المدام ولونها ومذاقها فى مقليته ووجنيته وريقه" .

فقد جعل تأثير الخمر في نظرته، ولونها الجميل في لون وجنتيه، ومذاقها في مذاق ريقه العذب.

ـ ومنه قول ابن الرومي:

آراؤكم ووجوهكم وسيوفكم فى الحادثات إذا دجون نجوم

فيها معالم للهدى ومصابيح تجلو الدجى والأخريات رجوم

(الرجوم : جمع رجم وهو القتل)

آراؤكم ◊ نجوم تلمع فيها الحسن والعلم . وجوهكم ◊ معالم للهدى ومصابيح . سيوفكم ◊ رجوم تدل على الشجاعة .

ـ ومنه قول الشاعر :

رأى جسدى والدمع والقلب والحشا

فأضنى وأفنى واستمال وتيما

(جسدى ◊ أضنى . الدمع ◊ أفنى . القلب ◊ استمال . الحشا ◊ تيما) . يدل على الحب والحزن .

ـ ومنه أيضا أن يُذكر متعددان أو أكثر ثم يذكر فى نشر واحد ما يكون لكل من أفراد كل من المتعددين.مثل :

ـ (الغنى والفقر والعلم والجهل بها تحيا الشعوب وبها تموت) .

بها تحيا ◊ نشر راجع للغنى وللعلم .

بها تموت ◊ نشر راجع للفقر والجهل .

(2) وإمّا أن يكون على خلاف ترتيبه.

ـ مثل قوله تعالى:"فَمَحَوْنَا آيَةَ اللَّيْلِ وَجَعَلْنَا آيَةَ النَّهَارِ مُبْصِرَةً لِتَبْتَغُواْ فَضْلا مِّن رَّبِّكُمْ وَلِتَعْلَمُواْ عَدَدَ السِّنِينَ وَالْحِسَابَ وَكُلَّ شَيْءٍ فَصَّلْنَاهُ تَفْصِيلا " ([56]).

ذكر ابتغاء الفضل للثاني ، وعلم الحساب للأول على خلاف الترتيب .

ـ ومنه قول الشاعر :

كيف أسلو وأنت حقف وغصن وغزال لحظا وقدا وردفا

(الحقف : الرمل العظيم) .

فقد جعل اللحظ للغزال ,و القد للغصن,و الردف للحقف على خلاف الترتيب.

9 ـ حسن التعليل

هو : "أن ينكر الأديب صراحة أو ضمنا عِلة الشيء المعروفة ، ويأتي بعلة أدبية طريفة تناسب الغرض الذى يرمي إليه".

ـ مثل قول المتنبي :

لم تحك نائلة السحاب وإنما حُمَّت به فصبيبها الرحضاء

(الرحضاء : عرق الحمى).

فسبب المطر الكثير هو إصابة السحاب بالحمى حين شهد عطايا الممدوح فتساقط عرق الحمى منه!!

ـ ومثله أيضا :

وما كلفة البدر المنير قديمة ولكنها فى وجهه أثر اللطم

(كلفه البدر : ما يظهر على وجهه من كدرة)

البيت ورد فى سياق رثاء ، ويقصد الشاعر أن الحزن شمل كثيرا من مظاهر الكون ، لذلك فإن كلفة البدر حادثة من أثر اللطم على فراق المرثي .

ـ ويقول الشاعر :

ما قصر الغيث عن مصر وتربتها طبعا ولكنْ تعداكم من الخجل

فالشاعر ينكر الأسباب الطبيعية لقلة المطر بمصر ، ويرى أن السبب هو خجل المطر أن ينزل بأرض غطى عليها فضل الممدوح وجوده، لأنه لا يستطيع أن ينافسه فى ذلك.

10 ـ أسلوب الحكيم

هو: " تلقي المخاطب بغير ما يترقبه، إما بترك سؤاله والإجابة عن سؤال لم يسأله وإما بحمل كلامه على غير ما كان يقصد، إشاره إلى أنه كان ينبغي له أن يسأل هذا السؤال، أو يقصد هذا المعنى".

مثل:

1 ـ قال تعالى: "يَسْأَلُونَكَ مَاذَا يُنفِقُونَ قُلْ مَا أَنفَقْتُم مِّنْ خَيْرٍ فَلِلْوَالِدَيْنِ وَالْأَقْرَبِينَ وَالْيَتَامَى وَالْمَسَاكِينِ وَابْنِ السَّبِيلِ " ([57]).

فقد سألوا عن حقيقة ما ينفقون، فصرفهم عن هذا ببيان طرق الإنفاق؛ لأن النفقة لا يعتد بها إن لم تقع موقعها.

2 ـ قال تعالى: "يَسْأَلُونَكَ عَنِ الأَهِلَّةِ قُلْ هِيَ مَوَاقِيتُ لِلنَّاسِ وَالْحَجِّ "([58]).

فقد سأل أصحاب رسول الله ﷺ عن الأهلة: لم تبدو صغيرة، ثم تزداد حتى يتكامل نورها، ثم تتضاءل حتى لا ترى؟ (وهذه مسألة دقيقة من علم الفلك) تحتاج إلى فلسفة عالية، فصرفهم عنها ببيان أن الأهلة وسائل للتوقيت فى المعاملات والعبادات إشارة إلى الأولى بهم أن يسألوا عن هذا.

3 ـ ومن أمثلته قول الشاعر راثيا:

ولمـــا نعى النـاعي ســألنـــاه خشـــــيـــة وللعين خوف البين تسكابُ أمطار

أجاب قضى قلنا قضى حاجة العلا فقـــال مضى !! قلنا بكل فخـــــار

" قضى " ويريد بها " مات " ولكنهم حملوها على إنجاز الحاجات ، وهذا ما لم يقصده . وكذلك فى قوله " مضى " أراد بها " مات " وأرادوا هم " ذهب بالفضل ولم يدع لأحد شيئا ".

4 ـ ومنه: قيل لشيخ هرم : " كم سنك ؟ "

فقال : " إني انعم بالعافية ".

السؤال لا ينبغي أن يكون عن مقدار العمر , بل ينبغي أن يكون عن الصحة والنعمة.

5 ـ ومنه قول الشاعر:

جاءني ابني يومـا وكنت أراه لــــــي ريـحـــــانـــة ومصــــدر أنـــــس

قال ما الروح؟قلت إنك روحي قال وما النفس قلت إنك نفسي

فقد سأل الابن عن حقيقة الروح والنفس فأجابه الأب ببيان منزلته، ليؤكد له بأنه ما كان ينبغي له أن يتكلم فى ذلك .

11- التتميم

عبارة عن الإتيان فى النظم والنثر بكلمة إذا طرحت من الكلام نقص حسنه ومعناه.

<u>أنواعه:</u>

1. التتميم المعنوى

هو تميم المعنى ويأتى للمبالغة والاحتراس , مثل :

أ) قال تعالى :

"من عمل صالحا من ذكر أو أنثى وهو مؤمن فلنحيينه حياة طيبة" [59].

ـ من ذكر أو أنثى ◊ تتميم .

ـ وهـــــــو مؤمــــــــن ◊ تتميم .

ولو حذف أحدهما أو كلاهما لنقص معنى الكلام واختل حسن البناء.

ب) ومنه قول الشاعر :

فسقى ديارك غير مفسدها صوب الربيع وديمة تهمى

" غير مفسدها " إتمام للمعنى بالاحتراس فهو يدعو بسقوط المطر ولكن دون أن يفسد الديار.

ج)- ومنه قول الشاعر (زهير بن أبي سلمى) :

ومن يلق يوما على علاته هرما يلق السماحة منه والندى طرقا

فقوله " على علاته " تتميم للمبالغة.

د) ومن أبلغ ما ورد فى التتميم للمبالغة قوله تعالى :

ويطعمون الطعام على حبه مسكيناً ويتيما وأسيرا "[60]. فقوله تعالى " على حبه " تتميم للمبالغة التى تعجز عنها قدرة المخلوقين.

1. التتميم اللفظي:

يقصد به التتميم الذي يؤتى به لإقامة الوزن بحيث أنه لو طرحت الكلمة استقل معنى البيت بدونها. ـ ومنه قول المتنبي:

وخفوق قلب لو رأيت لهيبه يا جنتي لظننت فيه جهنما

فإنه جاء بقوله " يا جنتي " لإقامة الوزن ولكنها فى الوقت نفسه أفادت تتميم المطابقة بين " الجنة "، و" جهنم " .

12-التقسيم

" هو استيفاء جميع أقسام المعنى، وقد ينقسم المعنى إلى اثنين لا ثالث لهما, أو إلى ثلاثة لا رابع لها، أو إلى أربعة لا خامس لها وهكذا . " ، مثل :

1) قول الشاعر :

لا يقيم على ضيم يراد بـــه إلا الأذلان عير الحي والوتد

هذا على الخسف مربوط برمته وذا يشج فلا يرثى لـه أحد

الأذلان) : عير الحي ,والوتد .

2) -ومن تقسيم المعنى إلى ثلاثة لا رابع لها قول زهير :

فإن الحق مقطعة ثلاث يـمين أو نفار أو جـــلاء

فإن ظهور الحق يتم عن طريق اليمين أو المنافرة والتحاكم، أو البينة (الدليل) التى تجلو وتكشف حقيقة الأمر.

لذلك كان سيدنا عمر ـ رضي الله عنه ـ يتعجب من صحة هذا التقسيم ويقول:
" لو أدركت زهيرا لوليته القضاء لمعرفته " .

3) قول الشاعر :

فقال فريق القوم لا وفريقهم نعم وفريق قال ويحك لا أدري

فالإجابة لها ثلاثة احتمالات (نعم) أو (لا) أو (لا أدري) وليس لها احتمال رابع.

4) ومنه قول زهير :

واعلم ما فى اليوم والأمس قبله ولكنني عن علم ما فى غدٍ عم

والأمر الثاني الذي يطلق التقسيم عليه يتمثل فى ذكر أحوال الشيء مضافا إلى كل حال ما يلائمها ويليق بها .

مثل قول المتنبي:

ثقال إذا لاقوا خفاف إذا دعوا كثرا إذا شدوا قليل إذا عُدوا

أضاف الثقل حال ملاقاتهم الأعداء , والخفة حال دعوتهم إلى الحرب ,والكثرة حال شدهم وهجومهم على الأعداء, والقلة حال عدهم وإحصائهم .

والأمر الثالث الذي يطلق التقسيم عليه يتمثل فى التقطيع،

ويقصد به تقطيع ألفاظ البيت الواحد من الشعر إلى أقسام تتمثل تفعيلاته العروضيه، أو إلى مقاطع متساوية فى الوزن ويسمى التقطيع حينئذ:
(التقسيم بالتقطيع).

ومنه قول الشاعر:

قف مشوقا أو مسعدا أو حزينا أو معينا أو عاذرا أو عدولا

ومن التقسيم نوع يقال له: " تقسيم الضد "ويكون بجعل كل شيء ضده .
كقول العباس بن الأحنف:

وصالكمو صرم، وحبكمو قلى وعطفكمو صد، وسلمكمو حرب

ثانيا : المحسنات اللفظية
1- الجناس

هو : "أن يتشابه اللفظان فى النطق ، ويختلفا فى المعنى".

لذلك فهو من أشكال الجمال اللفظي ، يحدث أثرا فى النفس ونغما تطرب له الآذان.

أنواعــــــه :

(1) الجنـــاس التــام

و هو أن يتفق اللفظان فى كل من:

1-عددالحروف. 2-نوعها. 3-ترتيبها.

4-هيئاتها من حركات وسكون مع الاختلاف فى المعنى.

أمثلــــــة :

1-قال تعالى:"وَيَوْمَ تَقُومُ السَّاعَةُ يُقْسِمُ الْمُجْرِمُونَ مَا لَبِثُوا غَيْرَ سَاعَةٍ كَذَلِكَ كَانُوا يُؤْفَكُونَ "([61]).

فالجناس هنا بين اسمين (الساعة) بمعنى القيامة ، والثاني (ساعة) بمعنى مطلق الوقت

2- وسميته يحيى ليحيا ولم يكن إلى رد أمر الله فيه سبيل

فالجناس بين "يحيى " الاسم ، و " يحيا" الفعل .

3- أو أسا جرحه الزمان المؤسي وسلا مصر هل سلا القلب عنها

(سلا) الأولى بمعنى (اسأل) و هو يخاطب الصاحبين. (سلا) الثانية بمعنى (نسي) .

4- لو زارنا طيف ذات الخال أحيانا ونحن فى حفر الأجداث أحيانا

" أحيانا " الأولى اسم بمعنى من وقت لآخر ، والثانية بمعنى بعث الحياة من جديد.

5- وقد يكون أحد اللفظين مفردا والآخر مركبا من كلمتين وهما متفقان فى الكتابة ، مثل :

إذا ملك لم يكن ذاهبة فدعه فدولته ذاهبة

" ذا هبة " الأولى بمعنى صاحب عطاء فهو مركب من كلمتين ,والثانية كلمة واحدة بمعنى زائلة .

6-وقد يكون الآخر مركبا من كلمتين وهما مختلفان فى الكتابة ، مثل :

لا تعِرضن على الرواة قصيدة مالم تبالغ بعد فى تهذيبهـــــا

فمتى عرضت الشعر غير مهذب عدوه منك وساوسا تهذيبها

طرفا الجناس فى البيتتين (تهذيبها ، تهذي بها) و هما مختلفان فى الكتابة .

7-ويقول الشاعر :

سل سبيلا إلى النجاة ودع دمـع عيوني يجري لهم سلسبيلا

فالجناس تام بين "سل سبيلا " أى اسأل طريقا والتمس سبيلا ،و "سلسبيلا " بمعنى ماء متدفق.

8 ـ لــو **أنَّ** وصـــــلا عللوه بقربــه لما **أنّ** من حمل الصبابة والجوى

ـ(أنّ) الأولى حرف ناسخ , و(أنّ) الثانية فعل بمعنى (تألم) .

2ـ الجناس الناقص (غير التام) :

وهو ما اختلف فيه اللفظان فى واحد من الأمور الأربعة السابقة :

أ) فى أنواع الحروف : مثل :

1ـ قوله تعالى :"وَيْلٌ لِّكُلِّ **هُمَزَةٍ لُّمَزَةٍ**". [[62]]

2ـ ليل **دامس** ، وطريق **طامس**.

3ـ قول أمامه بنت الحارث لابنتها : " أي بنية ، إنك فارقت الجو الذي منه **خرجت**، وخلفت العش الذي فيه **درجت** ".

الجناس هنا بين "خرجت" ، "درجت" .

4ـ " **الخيل** معقود بنواصيها **الخير** ".

ب) فى عدد الحروف

1ـ إن البكاء هو الشفـــــاء من **الجوى** بين **الجوانح**

الجناس بين (الجوى) و (الجوائح) بزيادة حرفين هما النون والحاء .

2ـ فيالك من حزم وعزم طواهما يد الردى بين **الصفا** و**الصفائح**

ج) فى ترتيب الحروف

1ـ حسامك فيه للأحباب **فتح** ورمحك فيه للأعداء **حتف**

الجناس بين (فتح) ، (حتف) .

2ـ فبحقى عليك يا من سقاني **أرحيقا** سقيتني أم **حريقا** ؟

فالجناس بين (رحيقا) و " حريقا " الاختلاف فى ترتيب الحرفين الأولين منهما .

3ـ " اللهم استر **عوراتنا**، وآمن **روعاتنا**".

4ـ "رحم الله امرأ أمسك ما بين **فكيه** ، وأطلق ما بين **كفيه**".

د) فى هيئة الحروف الحاصلة من الحركات والسكنات والنقط

1ـ قال رسول الله ﷺ " اللهم كما حسنت **خَلقى** فحسن **خُلقي** "

2ـ والحسن يظهر فى بيتين رونقه بيت من **الشعر** أو بيت من **الشعر**

3ـ هلا **نَهاكُنَهاك** عن لوم امرئ لم يلف غير منعم بشقاء

4ـ لعينى كل يوم فيك **عَبرة** تصيرني لأهل العشق **عِبرة**

فائدة هناك نوع من الجناس يسمى " المقلوب " بمعنى أنه يمكن قراءة لفظي الجناس من اليمين والشمال دون أن يتغير المعنى , مثل :

1ـ قوله تعالى : " وكل فى **فلك**". [63]

2ـقوله تعالى: " وربك **فكبر**". [64]

3ـ قول الشاعر :

ليل أضاء هلاله أنى يضيئ بكوكب

فكل كلمة فى هذا البيت تقرأ مستوية ومقلوبة.

2- السجع

هو "توافق الفاصلتين فى الحرف الأخير". مثل :

1-قال تعالى :"مَّا لَكُمْ لَا تَرْجُونَ لِلَّهِ وَقَارًا(13) وَقَدْ خَلَقَكُمْ أَطْوَارًا"([65]) .

2-قال رسول الله ﷺ:" اللهم أعط منفقا خلفا ، وأعط ممسكا تلفا" .

3-ومنه أيضا " حسد الناطق والصامت ، وهلك الحاسد والشامت " .

4-ومثل قول سيدنا أبى بكر الصديق ﴿﴾ " الصدق أمانة ، والكذب خيانة " .

5-ومنه قول " عبد الحميد الكاتب " متحدثا عن صفات الكاتب : "ـ" حليما فى موضع الحلم ، فهيما فى موضع الحكم " . ـ" مقداما فى موضع الأقدام، محجما فى موضع الإحجام " 6-ومنه أيضا : " ألن جانبك لقومك يحبوك ، وتواضع لهم يرفعوك " . 7-ومنه: " إن من أخلاق المؤمن قوة فى دين ، وإيمانا فى يقين".

ـ لا يستحسن السجع إلا إذا جاء عفوا ، خاليا من التكلف والتصنع وأحسنه ما تساوت فقره.

ـ نحو قوله تعالى:"فِي سِدْرٍ مَّخْضُودٍ (28) وَطَلْحٍ مَّنضُودٍ "([66]) .
ثم ما طالت فقرته الثانية،نحو:

"وَالنَّجْمِ إِذَا هَوَى (1) مَا ضَلَّ صَاحِبُكُمْ وَمَا غَوَى "([67]) .
ثم ما طالت فقرته الثالثة، نحو قوله تعالى :

" خُذُوهُ فَغُلُّوهُ (30) ثُمَّ الْجَحِيمَ صَلُّوهُ (31) ثُمَّ فِي سِلْسِلَةٍ ذَرْعُهَا سَبْعُونَ ذِرَاعًا فَاسْلُكُوهُ "([68]) .

<u>فــــائـــــدة :</u>

1- السجع يأتي فى النثر ، وهناك رأي يقول إنه يأتي فى الشعر أيضا ، مثل :
فنحن فى جزل ، والروم فى وجل والبر فى شغل ، والبحر فى خجل

2- اتفقوا على تسمية ما ورد فى القرآن الكريم من السجع " بالفواصل "؛تأدبا مع كلام الله تعالى .

3- الترصــــيع

هو توازن الألفاظ ، مع توافق الأعجاز ، أوتقاربها . مثل :

1- قوله تعالى :"إِنَّ الْأَبْرَارَ لَفِي نَعِيمٍ (13) وَإِنَّ الْفُجَّارَ لَفِي جَحِيمٍ "([69]) .

2—ومنه أيضا :

" يطبع الأسجاع بجواهر لفظه ، ويقرع الأسماع بزواجر وعظه".

3- ومنه : **" فإن حرارة الجوع ملهبة ، وتنغيص النوم مغضبة "** .

هناك توازن بين الجملتين وأيضا هناك توافق فى النهاية (ملهبة ، مغضبة) .

4-ومنه أيضا : **" سكونه فكرة ،ونظره عبره".** توازن بين الجملتين واتفاق أيضا فى نهاية الكلام .

4- الازدواج

-يطلق عليه " الموازنة " فى النثر .

- ويقصد به " تساوي الفاصلتين فى الوزن دون التقفية " , مثل :

1- قوله تعالى :"وَنَمَارِقُ مَصْفُوفَةٌ (15) وَزَرَابِيُّ مَبْثُوثَةٌ "([70]).

هناك توازن بين الفاصلتين دون التقفية (مصفوفة ، مبثوثة)؛ لأن اللفظ الأول على الفاء (مصفوف) ، والثاني على (الثاء) (مبثوث) ولاعبرة لتاء التأنيث.

2-ومنه قول الحسن البصري :

" **إن سُفه عليه حلم ، وإن ظلم صبر ، وإن جير عليه عدل"**.

توازن الجمل يعطى جرسا موسيقيا يتناغم مع أخلاق المؤمن .

3- ومنه أيضا قول " الزيات " :

" **فتهدأ ضلوع الحاقد ، وترقأ دموع البائس "**.

بين الجملتين ازدواج موسيقي يعطي نغمة الهدوء والسكينة .

4-ومن أمثلته أيضا قوله تعالى :

"وَآتَيْنَاهُمَا الْكِتَابَ الْمُسْتَبِينَ (117) وَهَدَيْنَاهُمَا الصِّرَاطَ الْمُسْتَقِيمَ "([71]).

<u>فوائد بلاغية</u>

- قالوا:"وإذا كانت مقاطع الكلام معتدلة وقعت في النفس موقع الاستحسان وهذا لامراد فيه لوضوحه".

- أيضا قالوا " كل سجع موازنة ، وليس كل موازنة سجعا " .

- ويرى فريق آخر من البلاغيين أن الازدواج هو : "تجانس اللفظين المتجاورين" نحو:-

- **"من جد وجد , ومن لج ولج"** .

- ويجوز أن نطلق على الازدواج "توازن الكلمات والجمل " ، ونطلق على الترصيع " اجتماع السجع والازدواج " , مثل :-

" إنه من عاش مات, ومن مات فات , وكل ما هو آت آت".

5- حسن التقسيم

وهو الموازنة فى الشعر ، ويقصد به توازن الكلمات والجمل ، مثل :
1- قول الشاعر :

متفرد بصابتي ، متفرد بكآبتى ، متفرد بعنائي

حسن تقسيم وتوازن بين الكلمات والجمل يعطي نغما موسيقيا يوحي بالحزن والألم والوحدة .

2- قول الشاعر : **الحديث الحلو ، واللحن الشجي**
الجبـــــــين الحر , والوجـــــــــه السني

توازن الكلمات يعطي نغمة الإعجاب بتلك الصفات الجميلة ، وكل صفه تتناغم مع الأخرى لتؤلف لحن الخلق الجميل .

3- ومنه قول الشاعر متحدثا عن نفسه :

أنتِ ريح ونسيـــــــم ، انت مـــــــوج ، أنت بحـــر
أنت برق ، أنت رعد ، أنت ليل ، أنت فجر

تناغم الكلمات والجمل يكشف عن تناغم أجزاء النفس المختلفة فى إيقاع متفاوت يدل على حالات النفس لكنها فى النهاية تعزف لحنا واحدا يختلف فى إيقاعه .

4- **طويـــل النجاد رفيــــع العمـــاد ســـاد عشيرتـه أمردا**

فالتوازن واضح بين (طويل النجاد) و (رفيع العماد) .

5- **فالخيل والليل والبيداء تعرفني والسيف والرمح والقرطاس والقلم**

هناك توازن بين ألفاظ البيت .

6- **بأشدهم بأسا على أصحابه وأعزهم فقدا على الأصحاب**
صفوح صبور كريـــــم رزيـــــــــن إذا مـــا العقول بدا
طيشهـــــــــا

6- التصريع

هو اتفاق نهاية شطري البيت الأول ، مثل :

1- سأعيش رغم الداء والأعداء كالنسر فوق القمة الشماء

اتفاق نهاية شطري البيت الأول يؤكد لحن الطموح والإرادة والتحدي .

2- يا واهب الخُلد للزمانِ يا ساقي الشعر والأغاني

- (الزمانِ) ، (الأغاني) تصريع يعطي جرسا موسيقيا .

3- بلادي هواها فى لساني وفى دمي يمجدها قلبي ويدعوا لها فمي

(دمي) ، (فمي) تصريع يعطي جرسًا موسيقيا .

4- اختلاف النهار والليل ينسى أذكرا لى الصبا وأيام أنسى

فالتصريع بين (ينسى ـ أنسى) يعطى جرسا موسيقيا تطرب له الآذان .

5- هل تذكرون غريبا عادة شجن من ذكركم وجفا أجفانه الوسن

التصريع بين (شجن ـ الوسن) يعزف لحن الحزن والحنين.

6- هل غادر الشعراء من متردم أم هل عرفت الدار بعد توهم

7 ـ المشاكلـــــــة

" هي ذكر الشيء بلفظ غيره لوقوعه فى صحبته تحقيقا أو تقديرا ",مثل :

1ـ قوله تعالى :ـ "كَالَّذِينَ نَسُوا اللَّهَ فَأَنْسَاهُمْ أَنْفُسَهُمْ "([72]) .

أي : أهملهم ، ذكر الإهمال هنا بلفظ النسيان.

2ـقال تعالى :" تعلم ما في نفسي ولا أعلم ما في نفسك"([73]) .

المراد : ولا أعلم ما عندك .

3ـ قول الشاعر :

وما بكت النساء علي قتيل بأشرف من قتيل الغانيات

فكلمة (قتيل) الاولي تعني الذي لقي مصرعة فعلا ومات،أما قتيل الثانية فتعني العاشق المصاب بداء الحب حتى أصبح نحيفا مريضا يشبه الميت ،والمشاكلة هنا تدل علي أثر الحب في اعتلال الجسد من ناحية وصدق العاطفة وسموها من ناحية أخرى .

4ـومنه قول ابن الفارض واصفا ضعفه ونحوله معتمدا علي المشاكلة :

أخفيت حبكم فأخفاني أسي حتى لعمري كدت عني أختفي

فكلمة (أختفي) الثانية تعنى التحول والضعف بسبب الحزن والأسى .

فهو يخفي الحب ؛لأن ذلك من علامات الحب الصادق ، فأصابه الحزن والأسي بالضعف والنحول حتي أخفاه عن العيون أو كاد يختفي عن نفسه .

يقول أيضا :ـ

سقمي من سقم أجفانكم وبمعسول الثنايا لي دوي

(السقم) الأولى بمعنى المرض ، أما الثانية فعنى الاسترخاء الموجود فى الأجفان وعبر عنه بالسقم للدلالة على شدة جمالها . فقد وصف الشاعر حالة الضعف والمرض عنده من تأثير الجمال وعبر عن الاسترخاء الموجود في الأجفان بالسقم لدلالة علي شدة جمالها ، لأن من مقاييس الجمال أن تكون الأجفان بها شيء من الاسترخاء والاضمحلال .

الفصل الثالث
علم المعاني

تعريفه" علم أصول وقواعد يعرف بها كيفية مطابقة الكلام لمقتضى الحال بحيث يكون وفق الغرض الذي سيق له " .

*والمعاني جمع معنى :

" وهو يتركب من شيئين " مُسند " (محكوم به) ، و " مسند إليه " محكوم عليه والنسبة بينهما تسمى " إسنادا " .

وذلك لأن علم المعاني يبحث في كل تركيب من لفظين: المسند والمسند إليه فإذا احتوى اللفظان على شيء آخر لا علاقة له بعملية الإسناد، فإنه يسمى: " القيد " مثل : " محمد كريم خلقا " :

محمد)مسند إليه(محكوم عليه . كريم)مسند)محكوم به (. خلقا(قيد).

وظيفة علم المعاني

دراسة الأسلوب الفني من حيث البناء النحوي والقدرة على توظيف أدوات النحو مثل: التعريف والتنكير أو الذكر أو الحذف أو الفصل أو الوصل وما إلى ذلك في التعبير عن مراده وهذا ما تقصده بقولنا : " مطابقة الكلام لمقتضى الحال " ، والحال بهذا المفهوم تشمل أمور كثيرة منها :

1.أحوال المخاطب: من حيث الذكاء ، التردد أو الإنكار ، الطبقة الاجتماعية ، طبيعة الثقافة ، ميوله وآراؤه المذهبية ... إلخ

2.المعنى والغرض: لكل غرض من الأغراض ما يلائمه من المعنى، فمقام المدح يختلف عن تمام الذم والوعيد.

3.ظروف وأسباب النص: البيئة الزمانية والمكانية للنص.

4.أحوال المتكلم وأبعاده النفسية.

وقالوا أيضا: " لكل مقام مقال " أي يجب أن يتناسب القول مع المقام أو الحال وضربوا أمثلة لذلك منها التحليل البلاغي لقوله تعالى:

" ولا تقتلوا أولادكم من إملاق نحن نرزقكم وإياهم "[74].

وقوله أيضا: " ولا تقتلوا أولادكم خشية إملاق نحن نرزقهم وإياكم" [75].

فالمخاطب في الآية الأولى " الفقراء " وسبب القتل هو الفقر الواقع بهم لذلك ذكر الله تعالى رزق الآباء أولا ثم رزق الأبناء، ليقضي على دافع القتل .

والمخاطب فى الآية الثانية " الأغنياء " وسبب الفقر هو خشية الفقر المتوقع حدوثه لذلك ذكر الله تعالى رزق الأبناء أولا ليقضى أيضا على دافع القتل وليبين أن سبب القتل هو خشية الفقر لن يحدث بسبب الأبناء.

لذلك رأى علماء البلاغة أن التخير النحوى وأسلوب الأديب فى توظيف أدوات النحو ثم حسن ترابطها فى النظم هو محور علم المعاني.

(أحوال المسند) : المسند هو :

1. خبر المبتدأ : مثل : الحق واضح .
2. المبتدأ الذى له مرفوع سد مسد الخبر ، مثل : أمسافرٌ أخوك ؟
3. الفعل التام : مثل : نجح الطالب .
4. اسم الفعل : هيهات الرجوع .
5. خبر الأفعال الناقصة : كان الولدُ نشيطا .
6. خبر الحروف الناسخة : إن الرجل كريمٌ .
7. المصدر النائب عن فعله : صبرا فى حياتك .
8. المفعول الثانى لظن وأخواتها : ظن الرجل الشمس مشرقة .
9. المفعول الثالث لأى وأخواتها : أعلمنا الجندى المعركة مستمرة.

(أحوال المسند إليه)

1. الفاعل : حضر محمد ، أكاتب محمدٌ الدرس ؟
2. أسماء النواسخ: كان الجو باردا ، إن الصلاة نور .
3. نائب الفاعل : كُتب الدرس.
4. المبتدأ: أخوك عظيم .
5. المفعول الأول لظن وأخواتها: ظن المهمل النجاح سهلا .
6. المفعول الثانى لأرى وأخواتها: أنبأ المعلمُ الطلابَ الصبر طريق النجاح .

المبحث الأول
(الخبر والإنشاء)

<u>أولا : الأسلوب الخبرى</u>

الخبر هو ما يحتمل الصدق والكذب لذاته , أو كما يقول البلاغيون : "الخبر هو ما يتحقق مدلوله فى الخارج بدون النطق".

فـمثلا : عندما نقول :" الصلاة نور ". تلك الصفة , صفة النور ثابتة للصلاة سواء تلفظنا بها أم لم نتلفظ ، لأنه أمر واقع فى الحقيقة .

والمراد بصدق الخبر مطابقته للواقع ، والمراد بكذبه عدم مطابقته له .

***فى تقسيم الخبر إلى جملة فعلية وجملة اسمية:**

1ـ الجملة الفعلية " تفيد التجدد والحدوث فى زمن معين مع الاختصار".

مثل: أشرقت الشمس وقد ولى الظلام هاربا فقد أفاد البيت ثبوت الإشراق للشمس ، وذهاب الظلام فى الزمان الماضى .

ـ وقد تفيد الجملة الفعلية الاستمرار التجددي شيئًا بشرط أن يكون الفعل مضارعا ،مثل :ـ "يصدق المؤمن فى أقواله وأفعاله " .

فالصدق دين المؤمن وعادته المستمرة التى لا يحيد عنها .

2ـ الجملة الاسمية

* تفيد الثبات والتوكيد بدون نظر إلى تجدد ولا استمرار ، مثل : ـ" العلم نافع " وذلك إذا كان خبرها مفردا أو جملة اسمية . *ـ أما إذا كان خبرها جملة فعلية ، فإنها تفيد التجدد ، مثل :

ـ" الولد يكتب الدرس " .

*ـوقدتخرج الجملة الاسمية عن الثبات والتوكيد ، وتفيد الدوام والاستمرار بحسب القرائن ، مثل الحديث فى سياق المدح أو الذم .

قال الشاعر :

لا يألَف الدرهمُ الضروبُ صرَّتَنَا لكن يَسُر عليها وهو منطلق

السياق سياق مدح وفخر بقومه ، فالمال لا يبقى عندهم ، لأنه يوزع على المحتاجين.

(توكيد الأسلوب الخبرى)

(أضرب الخبر)

1.الخبر الابتدائى :

عندها يكون المخاطب خالى الذهن من الحكم ، والكلام هنا لا يؤكد لعدم الحاجة إلى التوكيد .

ـ مثل : " الشمس مشرقة " . ـ قال الشاعر :

أتانى هواها قبل أن أعرف الهوى فصادف قلبا خاليا فتمكنا

2ـ الخبر الطلبي: عندما يكون المخاطب مترددا فى الحكم طالبا لمعرفته ، فيستحسن تأكيد الكلام الملقى إليه ، مثل :

ـ إنّ الشمس مشرقة . (أسلوب مؤكد بإنّ).

3ـ الخبر الإنكاري:

عندما يكون منكرا للحكم ، معتقدا خلافه ، فيجب تأكيد الكلام له بمؤكدين أو أكثر ، على حسب إنكاره قوة وضعفا ، مثل :

ـ " إنَّ الشمسَ لمشرقة". (أسلوب مؤكد بإن واللام). ـ " والله إنَّ الشمسَ لمشرقة " . (أسلوب مؤكد بالقسم وإن واللام).

*ـ وقد ينزل خالى الذهن منزلة المتردد ، إذا تقدم فى الكلام ما يشير إلى حكم الخبر ، مثل قوله تعالى :"وَمَا أُبَرِّئُ نَفْسِي إِنَّ النَّفْسَ لَأَمَّارَةٌ بِالسُّوءِ"[76] .

*ـ وقد ينزل الخالى منزلة المنكر ، إذا ظهر عليه شيء من إمارات الإنكار .

*ـ وقد ينزل المنكر منزلة غير المنكر ، وذلك لبيان أن إنكاره لا قيمة له ، مثل :

ـ قوله تعالى :"ذَلِكَ الْكِتَابُ لَا رَيْبَ فِيهِ"[77] .

*ـ وقد ينزل المتردد منزلة المنكر ، كقولنا" إنَّ الفرج لقريب " لمن يستبعد ذلك

(الأغراض البلاغية للخبر)

للخبر دلالتان :

1ـ الدلالة الوضعية (الحقيقية)

وهى إيصال حقيقة كان يجهلها المتلقى ,مثل قولنا :" الحديد قابل للصدأ " ، أو إعلام المخاطب بأن المتكلم يعلم مضمون الكلام ,مثل قولنا لطالب متفوق : " أنت تفوقت " .

2ـ الدلالة البلاغية : وهى التى يهدف إليها الأديب ، وتفهم من سياق الكلام . ومن هذه الأغراض :

1.التحسر والتَّحزُّن:

ـمثل :(ولىَّ الشباب وجاء الشيب) .
ـ ومثل قول الشاعر :
آن للنعش الذى أودعته كل أشلاء الصبا أن يدفنا

1.الحث والاستنهاض

مثل قول الشاعر:
ومــن المـــوت أن تـــعـــيـــش ذليـــلا ضائع الرأي حائرا منهوبا
ومن المجد أن يدين لك المجد قـويــا مــلـء الحـيــاة آريبـا
فالشاعر يدعو إلى تحطيم القيود وترك الضعف والتراخى والاستسلام .

1.ظهار الضعف: مثل قول القرآن :"رَبِّ إِنِّي وَهَنَ الْعَظْمُ مِنِّي"[78].
2.الاسترحام والاستعطاف: " إنى فقير إلى عفو ربى " .
3.الفخر:

أنا الذى نظر الأعمى إلى أدبى وأسمعت كلماتى من به صمم

1.التوبيخ: مثل قولنا للطالب الكسول: " العام اقترب من نهايته".
2.الضيق والملل: مثل قول الشاعر :

إن الثمانين ـ وبلغتها ـ قد أحوجت سمعى إلى ترجمان

1.المدح : مثل قول الشاعر :

فإنك شمسٌ والملوك كواكب إذا طلعت لم يبد منهن كوكب

وغيرها من الأغراض التى تفهم من سياق الكلام .

الأغراض البلاغية

1.**النصح والإرشاد** : إذا كان الكلام فيه فائدة للمخاطب .

2.**الدعاء** : إذا كان الحديث من العبد إلى الله عز وجل .

3.**الرجاء** : الكلام من الأدنى إلى الأعلى فى المكانة .

4.**الالتماس** : الكلام بين شخصين متساويين فى المكانة .

5.**التمنى** : الأمر صعب التحقيق أو الكلام لغير العاقل .

6.**التحقير** : الحديث فيه تقليل من شأن المخاطب .

7.**التحسير** : عندما يكون المعنى دالًّا على حزن وألم بسبب شيء فى الماضي

8.**التهكم والسخرية** : الحديث فيه إهانة للمخاطب .

9.**التعجيز** : الحديث موجه لمن لا قدرة له على تنفيذه ، ولا طاقة له وذلك لبيان عجزه وضعفه .

10.**التهديد** : الحديث يدل على عدم الرضا والوعيد حتى ينتهي المخاطب عما يفعله

11.**التسوية** : تساوي النتيجة فى جميع الحالات ، إذا كان المخاطب يتوهم رجحان أحد الأمرين على الآخر .

12.**الإباحة** : عندما يباح للمخاطب أن يفعل أيهما شاء .

13.**الحث** : طلب فعل الشيء والتشجيع عليه .

14.**التعظيم** : الحديث فيه إعلاء من شأن المخاطب أو موضع الحديث .

15.**التيئيس** : عندما يتوجه الحديث إلى فعل ولكن لا جدوى منه .

16.**التقرير** : حمل المخاطب على الإقرار بما يعرفه أو بمعنى التحقيق والإثبات .

17.**التعجب** : عندما يثير الكلام الدهشة والإعجاب .

18.**الاستنكار** : يرفض المتحدث حدوث الشيء ، وبيان أنه ما كان ينبغي أن يقع أو يخشى المتكلم أن يقع فى المستقبل (فى القول أو الفعل) .

19.**التشويق** : ترغيب المخاطب واستمالته وإثارة تفكيره .

20.**الاستبطاء** : المعاناة من طول الانتظار ويصور الشدة والابتلاء .

21.**الاستبعاد** : أمر بعيد الحدوث من وجهة نظر المتكلم .

22.**التهويل** : تضخيم الأمور ، ما يبعث على التخويف والتهديد .

23.**اللوم والتوبيخ** :التعنيف على قول أو فعل وتنبيه الفاعل على موقع

الضرر.

24.**العتاب** : لوم مقرون بالعطف واللين .

25.**النفي** : عدم حدوث الشيء .

(الأسلوب الإنشائى)

الإنشاء: هو مالا يحتمل الصدق والكذب لذاته ، مثل :" ربنا اغفر لنا " .

لا ينسب إلى قائله صدق أو كذب ـ كما يرى البلاغيون ـ(أو ما لا يحصل مضمونه ولا يتحقق إلا إذا تلفظت به) .

وينقسم نوعين :

1.1 **الإنشاء غير الطلبى** : وهو مالا يستدعى مطلوبًا غير حاصل وقت الطلب.

مثل :ـ(المدح والذم , القسم ، التعجب ، الرجاء ، رُبَّ ، لعل ، كم الخبرية ....)

1.1 **الإنشاء الطلبى** : وهو الذى يستدعى مطلوبا غير حاصل فى اعتقاد المتكلم وقت الطلب . ويشمل : الأمر ، والنهى ، والاستفهام ، والتمنى ، والنداء .

<u>أولا:الأمر</u>

المعنى الحقيقى للأمر : هو طلب حصول الفعل من المخاطب على وجه الاستعلاء وله أربع صيغ :ـ

1ـ **فعل الأمر** : مثل قول القرآن :"وَاصْنَعِ الْفُلْكَ بِأَعْيُنِنَا وَوَحْيِنَا "[79].

2ـ **المضارع المقترن بلام الأمر**: مثل قوله تعالى :" لِيُنْفِقْ ذُو سَعَةٍ مِنْ سَعَتِهِ "[80].

3ـ **اسم فعل الأمر** : قال تعالى :"يَا أَيُّهَا الَّذِينَ آمَنُوا عَلَيْكُمْ أَنْفُسَكُمْ لَا يَضُرُّكُمْ مَنْ ضَلَّ إِذَا اهْتَدَيْتُمْ "[81].

4ـ **المصدر النائب عن فعل الأمر**: مثل قوله تعالى : "وَبِالْوَالِدَيْنِ إِحْسَانًا"[82].

قال الشاعر :

فصبرا فى مجال الموت صبرا فما نيل الخلود بمستطاع

ومن الأغراض البلاغية له :ـوقد يخرج الأمر من المعنى الحقيقى إلى المعنى البلاغى المجازى ، فلا يكون على سبيل الاستعلاء .

1.1 **الدعاء**: (من الأدنى إلى الأعلى على سبيل التضرع) .مثل: أ)ـ قول القرآن الكريم :" قَالَ رَبِّ اشْرَحْ لِي صَدْرِي "[83].

ب)ـ ومثل قول المتنبى يخاطب سيف الدولة :

أخَا الجود أعط الناسَ ما أنت مالكٌ ولا تعطين الناسَ ما أنت قائلُ

وهناك رأى يجعل (الدعاء) الغرض البلاغى للأمر عندما يكون صادرا من العبد إلى الله عز وجل ، أما إذا كان صادرا من إنسان لإنسان أعلى منه منزلةً فيكون غرضه (الرجاء)، مثل :ـ

أزل حسد الحساد عنى بكبتهم فأنت الذى صيرتهم لى حسدا

1. **التحسر**: عندما يكون المعنى دالا على حزن وألم بسبب شيء حدث مرتبط بالماضى ,مثل قول الشاعر :

قفا نبك من ذكرى حبيب ومنزل بسقط اللوى بين الدخول فحومل

(قفا نبك) الأمر هنا يثير التحسر على ذكريات الماضى المرتبطة بالأطلال .

1. **الالتماس** : عندما يكون الأمر صادرا من إنسان إلى إنسان يساويه ,مثل :

قول الطالب لزميله : " أعطنى الكتاب " .

1. **النصح والإرشاد**: وذلك إذا كان الكلام يعود على المأمور بالنفع والخير ، مثل قول القرآن :" يَا بُنَيَّ أَقِمِ الصَّلَاةَ وَأْمُرْ بِالْمَعْرُوفِ وَانْهَ عَنِ الْمُنْكَرِ وَاصْبِرْ عَلَى مَا أَصَابَكَ إِنَّ ذَلِكَ مِنْ عَزْمِ الْأُمُورِ "[84].

2. قال الشاعر :

كن ابن من شئت واكتسب أدبا يغنيك مأثوره عن النسب

1. **التهكم والسخرية**: (الإهانة والتحقير)

وذلك إذا كان فى مطلوب الأمر إهانة للمخاطب ، وقلة المبالاة به .

ـ قال تعالى : "ذُقْ إِنَّكَ أَنتَ الْعَزِيزُ الْكَرِيمُ"[85]. فالكلام على سبيل التهكم والسخرية والتحقير لهؤلاء الكافرين ، فهى ذلة ومهانة لا عزة ولا كرامة .

1. **التعجيز**: إذا كان الأمر موجه لمن لا قدرة له على تنفيذه ، ولا طاقة له

وذلك لبيان عجزه وضعفه .

ـ قال تعالى :" هَذَا خَلْقُ اللَّهِ فَأَرُونِي مَاذَا خَلَقَ الَّذِينَ مِنْ دُونِهِ"[86] .
ـ قال الشاعر :
أروني بخيلا طال عمرا ببخله وهاتوا كريما مات من كثرة البذل
ـ وقال آخر :
أروني أمــــــــة بلغت مناهــــــــا بغير
العلــــــــــم أو حد الحســــــــام

1.التمني: وذلك حين يكون الأمر محبوبا ، لا قدرة للطالب عليه ، ولا أمل له في حصوله .

ـ قال تعالى :"رَبَّنَا أَخْرِجْنَا مِنْهَا فَإِنْ عُدْنَا فَإِنَّا ظَالِمُونَ"[87] .
ـ وكثيرا ما يأتى مع غير العاقل ، مثل : قول الشاعر :
ألا أيها الليل الطويل ألا انجلى بصبح وما الإصباح منك بأمثل
تمنى الشاعر زوال الليل كى يذهب عنه الهم والأرق .
ويقول آخر :
يا موت زُرْ إن الحياة ذميمة ويا نفس جدى إن دهرك هازلُ

1.التسوية : إذا كان المخاطب يتوهم رجحان أحد الأمرين على الآخر .

ـ قال تعالى :
"اصْلَوْهَا فَاصْبِرُوا أَوْ لَا تَصْبِرُوا سَوَاءٌ عَلَيْكُمْ إِنَّمَا تُجْزَوْنَ مَا كُنْتُمْ تَعْمَلُونَ"
[88]

فالصبر وعدمه يستويان ، فلا ينفع الكفار شيء يوم القيامة .
ـ ويقول الشاعر :-
أسيئي بنا أو أحسنى لا ملومة لدينا ولا مقلية أن تقلت
فالبيت يكشف عن شدة حب الشاعر ، لأنه يرضى بكل ما تفعله فأصبح الأمر عنده يستوى فيه الإساءة أو الإحسان .

1.الإباحة : عندما يُباح الأمر للمخاطب يفعل أيهما شاء ، مثل : - "جالس محمدا أو عليا".

ـ قال تعالى :" وَكُلُوا وَاشْرَبُوا حَتَّى يَتَبَيَّنَ لَكُمُ الْخَيْطُ الْأَبْيَضُ مِنَ الْخَيْطِ الْأَسْوَدِ مِنَ الْفَجْرِ "[89].

فالأمر هنا لإباحة الطعام والشراب حتى الفجر .

1.<u>التهديد</u>: فى حالة عدم الرضا بالمأمور به .

قال تعالى :"قُلْ تَمَتَّعُوا فَإِنَّ مَصِيرَكُمْ إِلَى النَّارِ"[90].

فالأمر هنا للتهديد، ومعناه عدم الرضا بما يفعلون والمراد الزجر والوعيد حتى ينتهوا.

1.<u>التعجب</u>: قال تعالى:"انْظُرْ كَيْفَ ضَرَبُوا لَكَ الْأَمْثَالَ"[91].

2.<u>الإكرام</u>: قال تعالى:"ادْخُلُوهَا بِسَلَامٍ آمِنِينَ"[92].

ثانيا : النهى

هو " طلب الكف عن الفعل على جهة الاستعلاء والإلزام، ويتحقق ذلك عندما يكون النهى صادرا من الأعلى إلى الأدنى".

مثل قوله تعالى:"وَلَا تُفْسِدُوا فِي الْأَرْضِ بَعْدَ إِصْلَاحِهَا"[93].

صيغة النهى:

له صيغة واحدة وهى : (لا + المضارع) , مثل : (لا تهمل واجبك).

أغراضه البلاغية

وقد يخرج النهى عن غرضه الحقيقى إلى أغراض بلاغية منها :

1.**الدعاء**: إذا كان صادرا من الأدنى إلى الأعلى.

ـ قال الله تعالى على لسان المؤمنين:

"رَبَّنَا لَا تُؤَاخِذْنَا إِنْ نَسِينَا أَوْ أَخْطَأْنَا رَبَّنَا وَلَا تَحْمِلْ عَلَيْنَا إِصْرًا كَمَا حَمَلْتَهُ عَلَى الَّذِينَ مِنْ قَبْلِنَا رَبَّنَا وَلَا تُحَمِّلْنَا مَا لَا طَاقَةَ لَنَا بِهِ"[94]

ـ ومن ذلك قول الشاعر مادحا :

ولا تتركنى قاعدا أرقب المنى وأرعى بروقا لا يجود سحابها

1.النصح والإرشاد

قال تعالى :" يَا أَيُّهَا الَّذِينَ آمَنُوا لَا تَسْأَلُوا عَنْ أَشْيَاءَ إِنْ تُبْدَ لَكُمْ تَسُؤْكُمْ "[95].

فقد ذهب البلاغيون ـ والله أعلم ـ إلى أن النهى فى الآية الكريمة ليس المراد به النهى عن السؤال على جهة الإلزام وإنما أريد به النصح والإرشاد ويكثر هذا الغرض فى أبيات الحكمة مثل :

ولا تجلس إلى أهل الدنايا فإن خلائق السفهاء تُعدِى

1.**التمنى**: إذا كان المعنى متعذرا أو بعيد الحصول ، مثل :

يا ليل طل يا نوم زل يا صبح قف لا تطلع

[لا تطلع] الشاعر يتمنى أن تطول سعادته ولا يشرق الصبح .

1.**الالتماس**: إذا كان النهى من إنسان إلى إنسان يساويه بدون استعلاء ,مثل:

ـ قوله تعالى:" قَالَ يَا ابْنَ أُمَّ لَا تَأْخُذْ بِلِحْيَتِي وَلَا بِرَأْسِي إِنِّي خَشِيتُ أَنْ تَقُولَ فَرَّقْتَ بَيْنَ بَنِي إِسْرَائِيلَ وَلَمْ تَرْقُبْ قَوْلِي "[96].

ـ يقول المتنبى :

فلا تبلِّغاه ما أقولُ فإنه شجاع متى يُذكرُ لهُ الطعن يشتقُ

1. الحث على الفعل

مثل قول الخنساء :

أعينى جودا ولا تجمدا ألا تبكيان لصخر الندى

[لا تجمدا] تحث عينيها على البكاء المتواصل بلا توقف .

1. التحقير والإهانة : ويكثر ذلك فى غرض الهجاء . مثل :

1 ـ قول تعالى :"قَالَ اخْسَئُوا فِيهَا وَلَا تُكَلِّمُونِ "[97].

فالآية تحمل معنى التحقير والإهانة لهؤلاء الضالين.

2 ـ قول الشاعر :ـ

دعُ المكارم لا ترحلْ لبغيتها واقعد فإنَّك أنت الطاعم الكاسي

لا ترحل تحقير لشأنى المخاطب وإهانته ،والبيت على سبيل السخرية والاستهزاء.

1. التوبيخ

قال الشاعر :

لا تنه عن خلق وتأتى مثله عارٌ عليك إذا فعلت عظيم توبيخ

للإنسان الذى ينهى الناس عن الشر ويفعله .

ـ ومثله أيضا يقول آخر :

لا تحسب المجد تمرا أنت آكلهُ لن تبلغ المجدَ حتى تلعق الصبرا

توبيخ لمن يطلب المجد وهو متكاسل لا يعمل ولا يجتهد .

1. التيئيس: عندما يتوجه النهى إلى فعل ولكن لا جدوى منه .

ـ قال تعالى:

"يَاأَيُّهَا الَّذِينَ كَفَرُوا لَا تَعْتَذِرُوا الْيَوْمَ إِنَّمَا تُجْزَوْنَ مَا كُنْتُمْ تَعْمَلُونَ"[98]
لن يقبل اعتذارهم ولن يلتفت إليهم .

ـ يقول الشاعر : لا تطلبن كريما بعد رؤيته إن الكرام يدًا بأسخاهم خُتِموا فلن
يصل إلى كريم بعد سيف الدولة (الممدوح) وهذا من المبالغة فى المدح .

1.<u>التهديد</u> : مثل قولنا "لا تُطع أمرى " .

ثالثًا: الاستفهام

هو: " طلب العلم بشيء ما لم يكن معلومًا من قبل ، وذلك بأداة من أدوات الاستفهام " , وهى :

[الهمزة ـ هل ـ مَن ـ ما ـ متى ـ أيان ـ أين ـ كيف ـ أنَّى ـ كم ـ أى ـ من ذا ـ ماذا]

تنقسم أدوات الاستفهام ثلاثة أقسام :

1.الهمزة: ويُطلب بها التصور تارة ، والتصديق تارة أخرى .

ـ التصور : يكون عند التردد فى تعيين أحد أمرين،مثل :ـأمحمدٌ مسافرٌ أم علىّ ؟

ويجوز حذف ما بعد أم ، مثل : أيوم الجمعة سافرت ؟

ـ التصديق: ويكون عند توقع الإيجاب ، مثل :

"أحضر الطلاب؟ " ،نقول : نعم حضروا .

1.هل: ويطلب بها التصديق فقط ويكون الاستفهام إقراريا أو إنكاريا .

ـ الاستفهام الإقرارى: ويكون جواب الاستفهام فيه " نعم " .مثل :

هل الدهر إلا ساعة ثم تنقضى بما كان فيها من بلاءٍ ومن خفْض

ـ الاستفهام الإنكارى: ويكون جواب الاستفهام فيه " لا ".مثل : هل ينفع الكذب ؟ ومثل :

وهل ينفع الفتيان حسن وجوههم إذا كانت الأخلاق غير حسان

1.باقى الأدوات يطلب بها التصور فقط ، كالتالى :

ـ **ما:**للاستفهام عن غير العقلاء. ◈ ما العسجد ؟ (إنه الذهب) .

ـ **من:**للاستفهام عن العقـــــــــــلاء. ◈ من كتب الدرس ؟ (محمد) .

ـ **متى:** للاستفهام عن الزمــــــــــان. ◈ متى تسافر ؟

ـ **أيان :** للزمان المستقبل خاصة. ◈ قال تعالى :"يَسْأَلُ أَيَّانَ يَوْمُ الْقِيَامَةِ". [99]

ـ **كيف :** يطلب بها تعيين الحال. ◈ كيف الوصول إليك ؟

ـ **أين :** يطلب بها تعيين المكان. ◈ أين تعلَّمت ؟

ـ **أنَّى :** وتأتى بمعنى (كيف) أو (من أين) أو (متى), مثل قوله تعالى : "يَا مَرْيَمُ أَنَّى لَكِ هَذَا". [100] ◈ (من أين لك هذا ؟)

ـ **كم** : يطلب بها تعيين عدد مبهم . ◈ كم طالبا فى الفصل ؟
ـ **أى** : يطلب بها تمييز أحد المتشاركين فى أمر يعمهما ، يسأل بها عن الزمان ، المكان ، والحال ، والعدد ، والعاقل وغيره ، على حسب ما تضاف إليه .
ـ قال تعالى :"أَيُّ الْفَرِيقَيْنِ خَيْرٌ مَقَامًا "[101] .

ومن أغراض الاستفهام البلاغية

1.التحسر: عندما يظهر المستفهم حزنه وتألمه على ما فاته .

ـ قول الله عز وجل :"يَقُولُ الْإِنْسَانُ يَوْمَئِذٍ أَيْنَ الْمَفَرُّ "[102] . " أين المفر "
استفهام يفيد التحسر والندم على ما فات فى الدنيا .
ـ يقول الشاعر :
يـــا دهـــر فيـــم فجعتـــى بحليـــــــة كانت خـــلاصـــة
عدتى وعتادى
إن كنت لم ترحم ضناي لبعدها أفلا رحمت من الأسى أولادى
ويكثر ذلك فى شعر الرثاء كما سبق .

1.التعجب : عندما يثير الاستفهام الدهشة والتعجب ، مثل :ـ قوله تعالى :

ـ "قَالَتْ يَا وَيْلَتَى أَأَلِدُ وَأَنَا عَجُوزٌ وَهَذَا بَعْلِي شَيْخًا إِنَّ هَذَا لَشَيْءٌ عَجِيبٌ "[103]

تتعجب كيف تلد وهى عجوز قضت حياتها عقيما ، وزوجها صار شيخا .
ـ قال شوقى مخاطبا النيل :
من أى عهد فى القرى تتدفق وبأى كف فى المدائن تغدق

1.التحقير والتهكم: ـ قال تعالى:"قَالُوا يَا شُعَيْبُ أَصَلَاتُكَ تَأْمُرُكَ أَنْ نَتْرُكَ مَا يَعْبُدُ آبَاؤُنَا أَوْ أَنْ نَفْعَلَ فِي أَمْوَالِنَا مَا نَشَاءُ"[104] .

فهم يتوجهون بالحديث إليه على سبيل السخرية مما يقوله والتهكم بما جاء به

ـ مثل قول الشاعر :
وما أدرى ولست أخال أدرى أقوم آل حصن أم نساء
البيت على سبيل السخرية والتهكم .

ـ مثل قول الشاعر:

فدع الوعيد فما وعيدك ضائرى أطنين أجنحة الذباب يضيرُ

1.**التمني**: عندما يطلب المتحدث الأمور البعيدة أو المحالة ، مثل:ـ قول القرآن الكريم :

ـ" فَهَلْ لَنَا مِنْ شُفَعَاءَ فَيَشْفَعُوا لَنَا أَوْ نُرَدُّ فَنَعْمَلَ غَيْرَ الَّذِي كُنَّا نَعْمَلُ "[105]. مثل قولنا : " متى ينتهى عصر النفاق ؟

1.**الأمر**: قال تعالى :"فَهَلْ أَنْتُمْ مُنْتَهُونَ"[106]. أى : انتهوا .

2.**النفى**: مثل قوله تعالى :"هَلْ جَزَاءُ الْإِحْسَانِ إِلَّا الْإِحْسَانُ". [107]

أى ليس جزاء الإحسان إلا الإحسان .وتكون علامته أن نضع أداة النفى موضع أداة الاستفهام ويستقيم المعنى .

ـومثل قول الشاعر :

وهل الدهر إلا غمرة وانجلاؤها وشيكا وإلا ضيقة وانفراجها

أى : ليس الدهر إلا غمرة .

1.**التقرير** : هو حمل المخاطب على الإقرار بما يعرفه أو بمعنى التحقيق والإثبات ويكون غالبًا بالهمزة يليها المقرر به ، ويكون أحيانًا بغير الهمزة ، مثل :

ـ لمن هذا البيت ؟ ,
ومثل :

1.قال تعالى:"قَالُوا أَأَنْتَ فَعَلْتَ هَذَا بِآلِهَتِنَا يَا إِبْرَاهِيمُ". [108]

فالتقرير هنا لحمل المخاطب على الإقرار والاعتراف بالفعل .

1.قال تعالى:"هَلْ أَتَى عَلَى الْإِنْسَانِ حِينٌ مِنَ الدَّهْرِ لَمْ يَكُنْ شَيْئًا مَذْكُورًا"[109].

فالتقرير بمعنى التحقيق والإثبات وفيه تنبيه للمخاطب وحث إلى تدبر الأمر .

3ـ ومثله قول الشاعر :

ألستم خيرُ من ركب المطايا وأندى العالمين بطون

التقرير هنا لتحقيق وإثبات كرمهم وشجاعتهم.

1.الإنكار: وغالبا يكون بالهمزة ويقول البلاغيون :

" وإذا وقع الإنكار فى الإثبات يجعله نفيا"، مثل :

قوله تعالى:"أَفِي اللَّهِ شَكٌّ"[110]. وإذا وقع فى النفى يجعله إثباتا. **ويرى البلاغيون أن الاستفهام الإنكارى يرد على فرعين :-**

1.الإنكار التوبيخى على أمر وقع ما كان ينبغى أن يقع، أو على أمر يخشى المتكلم أن يقع فى المستقبل ,مثل قوله تعالى :"أَتَدْعُونَ بَعْلًا وَتَذَرُونَ أَحْسَنَ الْخَالِقِينَ"[111].

ـ ومثل قول شوقى :

إلام الخلف بينكم إلاما وهذى الضجة الكبرى علاما

ومن الإنكار التوبيخى لأمر لم يقع ، ولكن يحتمل وقوعه قوله تعالى : ـ" يَا أَيُّهَا الَّذِينَ آمَنُوا لَا تَتَّخِذُوا الْكَافِرِينَ أَوْلِيَاءَ مِنْ دُونِ الْمُؤْمِنِينَ أَتُرِيدُونَ أَنْ تَجْعَلُوا لِلَّهِ عَلَيْكُمْ سُلْطَانًا مُبِينًا"[112].

1.الإنكار التكذيبى إذا كان التكذيب فى الماضى ، كان الاستفهام بمعنى : لم يكن، وإذا كان فى المستقبل كان بمعنى لن يكون كما يقول البلاغيون : ـ مثل :-

قوله تعالى :"أَفَأَصْفَاكُمْ رَبُّكُمْ بِالْبَنِينَ وَاتَّخَذَ مِنَ الْمَلَائِكَةِ إِنَاثًا إِنَّكُمْ لَتَقُولُونَ قَوْلًا عَظِيمًا"[113] والمعنى لم يكن ليحدث لذلك .

التشويق : إذا كان الغرض من الاستفهام ترغيب المخاطب واستمالته .

قال تعالى :" هَلْ أَدُلُّكُمْ عَلَى تِجَارَةٍ تُنْجِيكُمْ مِنْ عَذَابٍ أَلِيمٍ"[114].

1.الاستبطاء : ويدل على المعاناة من طول الانتظار ويصور الشدة والابتلاء مثل:

ـ قولك و أنت صائم " متى يؤذن للمغرب ؟ "

ـ قال تعالى:"أَمْ حَسِبْتُمْ أَنْ تَدْخُلُوا الْجَنَّةَ وَلَمَّا يَأْتِكُمْ مَثَلُ الَّذِينَ خَلَوْا مِنْ قَبْلِكُمْ مَسَّتْهُمُ الْبَأْسَاءُ وَالضَّرَّاءُ وَزُلْزِلُوا حَتَّى يَقُولَ الرَّسُولُ وَالَّذِينَ آمَنُوا مَعَهُ مَتَى نَصْرُ اللَّهِ"[115]. فالآية تصور المعاناة وشدة الألم والابتلاء .

ـ مثل قول الشاعر :

أمولاى إنى فى هواك معذب وحَّتام أبقى فى العذاب وأمكث

فهو يعانى ويتألم وينتظر فى الوقت نفسه لحظة الخلاص .

1. الاستبعاد : وهو يدل على أمر بعيد الحدوث من وجهة نظر المتكلم .

قال تعالى : "فَقَالَ الْكَافِرُونَ هَذَا شَيْءٌ عَجِيبٌ (2) أئذا متنا وكنا ترابا ذلك رجع بعيد"[116]. فالكافرون يستبعدون البعث بعد الموت .

ـ قال الشاعر :

من لى بإنسان إذا أغضبته وجهلت كان الحلمُ ردَّ جوابه

فهو يستبعد وجود إنسان يتصف بتلك الصفات من كمال الخلق والحلم .

1. التهويل :

قال تعالى: "الْحَاقَّةُ (1) مَا الْحَاقَّةُ (2) وَمَا أَدْرَاكَ مَا الْحَاقَّةُ (3)"[117].

رابعا: التمني

ـ هو: " طلب شيء محبوب لا يرجى حصوله ، إما لكونه مستحيلا أو لكونه بعيد الحصول "

أدوات التمني :

1.أداة أصلية وهى [ليت].

2.وأدوات فرعية هى :

1.هل: مثل قوله تعالى :"فَهَلْ لَنَا مِنْ شُفَعَاءَ فَيَشْفَعُوا لَنَا"[118].

2.لو: وهى تزيد التمنى بعدا واستحالة . قال تعالى :

" فَلَوْ أَنَّ لَنَا كَرَّةً فَنَكُونَ مِنَ الْمُؤْمِنِينَ "[119].

1.لعل: قال الشاعر :

أسرب القطا هل من يعير جناحه لعلى إلى من قد هويت أطير

أمثلة

1ـ من التمنى بعيد الحدوث قوله تعالى : " فَخَرَجَ عَلَى قَوْمِهِ فِي زِينَتِهِ قَالَ الَّذِينَ يُرِيدُونَ الْحَيَاةَ الدُّنْيَا يَا لَيْتَ لَنَا مِثْلَ مَا أُوتِيَ قَارُونُ إِنَّهُ لَذُو حَظٍّ عَظِيمٍ "[120]. تمنى الثروة العظيمة مثل ثروة قارون ليس مستحيلا ولكنه بعيد الحدوث .

2ـقال الشاعر:

ألا ليت شعري هل أبيتن ليلة بجنب الغضا أزجى القلاص النواجيا

فالشاعر يتمنى أن يقضى ليلة فى ذلك الوادى الحبيب إليه.

3ـقال الشاعر:

ألا ليت الشباب يعود يوما فأخبره بما فعل المشيب

فالذى يتمناه الشاعر مستحيل الحدوث ، فالشباب لن يعود أبدا .

4ـومنه قول الشاعر :

سقى الله ليلا ضمنا بعد فرقة وأدنى فؤادا من فؤادٍ معذب

فيا ليت أن الليل أطبق مظلما وأن نجوم الشرق لم تتغرب

فالذى يتمناه الشاعر فى البيت الثانى مستحيل لن يحدث.

ـ أما إذا كان الأمر المحبوب ممَّا يُرْجى حصوله كان طلبه ترجيا، ويُعبر فيه بأدوات خاصة منها" لعل "، و " عسى".مثل:

1ـ قال تعالى : "لَعَلَّ اللَّه يُحْدِثُ بَعْدَ ذَلِكَ أَمْرًا"[121].

2ـ قال الشاعر :

عسى فرج يأتى به الله إنه له كل يوم فى خليقته أمر

ملحوظة مهمة

قد تستخدم فى الترجى " ليت " وذلك لغرض بلاغى وهو إبراز الشيء المحبوب فى صورة المستحيل ، مبالغة فى بعد نيله . قال الشاعر:

فيا ليت ما بينى وبين أحبتى من البعد ما بينى وبين المصائب

خامسا : النداء

<u>النداء</u> : هو "طلب المتكلم إقبال المخاطب عليه بحرف نائب مناب الفعل أنادى".

<u>أدواته:</u>

1. أدوات النداء للقريب: [الهمزة – أى] .
2. أدوات النداء للبعيد: [يا – أيا – هيا – آ – أى – وا] .

وقد ينزل البعيد منزلة القريب للدلالة على القرب وأنه حاضر فى القلب لا يغيب. قال الشاعر :

أسكان نعمان الأراك تيقنوا بأنكم فى ربع قلبى سكانُ
فهم فى قلبه لا يتركون فكره ولا يفارقونه.

وقد ينزل القريب منزلة البعيد لأغراض بلاغية منها:

1. **بعد المنزلة والمكانة** , قال القرآن الكريم: "يَا أَبَتِ لَا تَعْبُدِ الشَّيْطَانَ"[122] .

فهذا من باب أدب الابن مع أبيه، فقد استخدم إبراهيم ۞ أداة النداء " يا " للدلالة على بعد مكانة أبيه وعظم منزلته.

1. **انحطاط منزلة المنادى** , مثل قول الفرزدق فى هجاء جرير :

أولئك آبائي فجئنى بمثلهم إذا جمعتنا يا جرير المجامع

1. **التنبيه على عظم الأمر المدعو له :**

قال تعالى: " يَا أَيُّهَا الرَّسُولُ بَلِّغْ مَا أُنْزِلَ إِلَيْكَ مِنْ رَبِّكَ "[123] .
ويحمل على ذلك ـكما يرى البلاغيون ـ كل النداءات الموجهة من الله تعالى إلى عباده.

1. **الإشعار أو الإشارة إلى غفلة المنادى، كأنه غير حاضر :**

مثل قول الشاعر:
يا ربة البيت قومى غير صاغرة ضمى إليك رحال القوم والقربا
***<u>من الأغراض البلاغية للنداء</u>**

1.**اللوم والتوبيخ**: مثل قول الشاعر :

يا من يضيع عمره متماديا فى اللهو أمسك
واعلم بأنك لا محالة ذاهب كذهاب أمسك

فالشاعر يتوجه باللوم إلى من يسلك هذا المسلك المرفوض ويضيع عمره هباءً دون فائدة.

1.**التحسر والتوجع** : ويكثر ذلك عند نداء الأموات والأطلال والقبور والحزن على ما مضى .

ـ قال تعالى :
"أَنْ تَقُولَ نَفْسٌ يَا حَسْرَتَا عَلَى مَا فَرَّطْتُ فِي جَنْبِ اللَّهِ وَإِنْ كُنْتُ لَمِنَ السَّاخِرِينَ"[124].

ـ وقال الشاعر:
أيا منازل سلمى أين سلماك من أجل هذا بكيناها بكيناك
ـ ومثل : دعوتك يابُنى فلم تجبنى فرُدَتْ دعـوتى يأسـا علـيّا

1.**التنبيه**: وذلك عندما تدخل أداة النداء على الحروف.

قال تعالى:"يا ليتني كُنْتُ مَعَهُمْ فَأَفُوزَ فَوْزًا عَظِيمًا"[125].

1.**الإغراء**: وهو حث المنادى على فعل الأمر الموجه إليه مثل :

" يا شجاع تقدم ... " "يا مظلوم تكلم ـ ".

1.**الاستغاثة** : يا لله للمؤمنين.
2.**الندبة**: وهى نداء المتوجع منه ، أو المتفجع عليه ، مثل :

واحرَّ قلباه ممن قلبه شبم ومن بجسمى وحالى عنده سقم

1.التعجب:

مثل قول الشاعر :
فوا عجبا كيف اتفقنا فناصحٌ وفيٌّ ومطوىٌّ على الغلِّ غادر

1. **الزجر** : وهو التأنيب بسبب عدم عدم الاستجابة للنصائح ، مثل :

أفؤادى متى المتابُ ألما تصحُّ و الشيبُ فوق رأسى ألما

1. **الوعيد** :

مثل قول الشاعر :
يا لبكر انشروا لى كليبا يا لبكر أين أين الفرارُ

(التعبير بالخبر فى موضع الإنشاء)
(أسلوب خبرى لفظا إنشائى معنى)

ومن أغراضه :

1. **التفاؤل والرغبة فى حدوث المعنى**

ويكون ذلك فى الدعاء مثل قولنا :ـ " وفقك الله "،أى اللهم وفقه .
قال الشاعر :
جزى الله خيرا من إمام وباركت يد الله فى ذاك الأديم الممزق

1. **عندما يقتضى المقام التأدب مع المخاطب ، فيترك المتحدث صيغة الأمر والنهى ويستخدم الأسلوب الخبرى** ، مثل قول الطالب لمعلمه :

[يشرح المعلم لى الدرس] بدلا من قوله [اشرح لى الدرس] .

1. **حمل المخاطب على تحقيق المطلوب وتحصيله**

قال تعالى :ـ
" وَإِذْ أَخَذْنَا مِيثَاقَكُمْ لَا تَسْفِكُونَ دِمَاءَكُمْ وَلَا تُخْرِجُونَ أَنْفُسَكُمْ مِنْ دِيَارِكُمْ"[126] .
فالمعنى ـ كما يقول البلاغيون ـ على النهى ، أى : [لا تسفكوا الدماء ، ولا تخرجوا أنفسكم ....]وذلك لحثهم على سرعة الامتثال.

المبحث الثاني
(الإيجاز والإطناب)

أولا : الإيجاز

يعرفه البلاغيون بقولهم " هو تأدية المعنى بأقل ما يمكن من الألفاظ" .
أو " هو أن يكون اللفظ ناقصا عن أصل المعنى المراد مع الوفاء به".

وينقسم قسمين :

1 : الإيجاز بالقصر :

" ويكون بتضمين العبارات القصيرة معانى كثيرة من غير حذف ووسيلته هى الإيجاز مع الألفاظ الموحية " ، ومن أمثلته :

1. قال تعالى : "وَلَكُمْ فِي الْقِصَاصِ حَيَاةٌ"[127].

فقد تضمنت الآية السابقة (القصاص حياة) الكثير من المعانى العظيمة جاءت فى كلمتين فقط ، ومن المعانى فى الآية :

- تنفيذ شريعة القصاص فيه أمن واستقرار المجتمع ، فهى مصدر الحياة
- العدل بين الناس
- ردع لمن يحاول أو يفكر فى ارتكاب هذه الجريمة البشعة
- المحافظة على أرواح الناس وفى ذلك إقامة للحياة
- " حياة " توحى بالعمران والخير والنماء وكل ذلك نتيجة للعدل والقصاص ، وغيرها من المعانى العظيمة .

1. قال تعالى : "خُذِ الْعَفْوَ وَأْمُرْ بِالْعُرْفِ وَأَعْرِضْ عَنِ الْجَاهِلِينَ"[128].

فقد جمعت الآية الكريمة مكارم الأخلاق :

1- العفو ۞ الصفح والإغضاء والمسامحة والرفق .
2- الأمر بالعرف ۞ صلة الأرحام والصدق ومنع الغيبة وغض البصر ... إلخ .
3- الإعراض عن الجاهلين ۞ الصبر والحلم وكظم الغيظ .

3- قال تعالى : " ألا له الخلق والأمر "[129].

دلت هذه الآية الكريمة على أن كل شيء لله تعالى فقد جمعت الأشياء والأمور وكل المخلوقات وكل الأفعال والإرادة فى كلمتين : الخلق والأمر .

4ـ قال تعالى : " انفروا خفافا وثقالا "[130] .

كلمات قليلة لكنها حوت الكثير من المعاني مثل : الدعوة إلى الجهاد والحث عليه والأمر بالنفير العام للجهاد ، وقطع الحجج والذرائع المعوقة عن الجهاد .

5ـ قول رسول الله ﷺ " كلكم راع".

كلمة " كلكم" تحمل المعانى المُتعددة فهى تشير إلى صاحب المسئولية فى التربية مثل الأب ، و الأم ، وصاحب المسئولية فى الحكم مثل الإمام ، وكذلك القاضى ، وكل إنسان أسند إليه عمل كالمعلم ، والصانع .....إلخ .

6ـ قال الشاعر :

وظلمت نفسك طالبا إنصافها فعجبتُ من مظلومةٍ لم تظلم

كلمتى " ظلمت ، إنصافها " تحملان الكثير من المعانى ، مثل تحمل الصعاب وتهذيب النفس وتقويتها لذلك أصبح لها مجد عظيم فكأنها لم تظلم .

7ـ قولنا " أنا أريد الآخرة " .

هذه المعانى تحمل المعانى الكثيرة : الالتزام بمبادئ الدين وتعاليمه ، وأداء الفرائض واجتناب الكبائر والذنوب.....تعنى الاستقامة على الطريق المستقيم .

8ـ قال الشاعر:

وإن هو لم يحمل عن النفس ضيمها فليس إلى حسن الثناء سبيل

(ضيم النفس) المشقة والعناء من حمل الصفات الطيبة مثل : الصدق والأمانة والشجاعة والإخلاص والكرم والجود والإيثار .... إلخ .

2ـ الإيجاز بالحذف

يعرفه البلاغيون بقولهم :ـ" هو التعبير عن المعانى الكثيرة فى عبارة قليلة وذلك بحذف شيء من التركيب مع عدم الإخلال بالمعنى". ومن أمثلته :

1.حذف الحرف

ـ قال تعالى : " وَلَمْ أكُ بَغِيًّا"[131]. والأصل " لم أكن".

ـ ومثل :

ومن يك ذا فضلٍ ويبخل بفضله على قومه يستغن عنه ويُذمَمِ

1.حذف الحروف (من غير بنية الكلمة) ،مثل : الاستفهام والنداء ، والنفى

...

ـ قال تعالى:" يُوسُفُ أعْرِضْ عَنْ هَذَا"[132]. "يا يوسف " .

ـقال تعالى :" رَبِّ إِنِّي وَهَنَ الْعَظْمُ مِنِّي وَاشْتَعَلَ الرَّأْسُ شَيْبًا"[133].
والأصل [يا رب] .

ـقال تعالى :" قَالُوا تَاللَّهِ تَفْتَأُ تَذْكُرُ يُوسُفَ "[134].
والأصل [لا تفتأ] ـ حذفت لا النافية .

2ـ حذف حرف الاستفهام .

ـ قال تعالى :" وتلك نعمة تمنها على أن عبدت بنى إسرائيل "[135].
والمراد (أو تلك نعمة ...)

ـ قال تعالى :" وإذ ابتلى إبراهيم ربه بكلمات فأتمهن قال إني جاعلك للناس
إماما قال ومن ذريتي... "[136] . أى : أو من ذريتي ؟

ـ ومنه قول العقاد: كل هـذا فى التراب
آه من هذا التراب
أي: أكل هذا الجمال فى التراب ؟

1.حذف المضاف :

ـ قال تعالى:"وَجَاهِدُوا فِي اللَّهِ حَقَّ جِهَادِهِ"[137], والأصل [فى سبيل الله] . ـ
قال تعالى :"وَاسْأَلِ الْقَرْيَةَ"[138] والأصل [اسأل أهل القرية] . ـ قال تعالى:"
لمن كان يرجوا الله واليوم الآخر "[139] أى : يرجو رحمة الله . ـ قال تعالى : "
حرمنا عليهم طيبات أحلت لهم "[140] أى : تناول طيبات .

1.حذف المضاف إليه :

ـ قال تعالى :" وَوَاعَدْنَا مُوسَى ثَلَاثِينَ لَيْلَةً وَأَتْمَمْنَاهَا بِعَشْرٍ."[141] أي [بعشر
ليالٍ] . ـقول تعالى:"لِلَّهِ الْأَمْرُ مِنْ قَبْلُ وَمِنْ بَعْدُ". [142] أي [من قبل الغلب ومن
بعده] .

1.حذف القسم:

ـ قال تعالى:"وَلَئِنْ لَمْ يَفْعَلْ مَا آمُرُهُ لَيُسْجَنَنَّ وَلَيَكُونًا مِنَ الصَّاغِرِينَ."[143]
أي[والله لئن لم يفعل] .

1. حذف جواب القسم :

ـ مثل قوله تعالى:

"وَالْفَجْرِ (1) وَلَيَالٍ عَشْرٍ (2) وَالشَّفْعِ وَالْوَتْرِ (3) وَاللَّيْلِ إِذَا يَسْرِ (4) "[144].
فقد حذف جواب الشرط والتقدير (لتبعثن) .

1. حذف جواب الاستفهام :

مثل قوله تعالى :" وَإِذَا مَا أُنْزِلَتْ سُورَةٌ نَظَرَ بَعْضُهُمْ إِلَى بَعْضٍ هَلْ يَرَاكُمْ مِنْ
أَحَدٍ ثُمَّ انْصَرَفُوا صَرَفَ اللَّهُ قُلُوبَهُمْ"[145]. والتقدير : لا يرانا أحد .

1. حذف الشرط :

ـ قال تعالى :"فَاتَّبِعُونِي يُحْبِبْكُمُ اللَّه"[146]. أى [فإن تتبعونى] . ـ مثل قولنا "
اجتهد و إلاَّ تندم " . أى : وإلاَّ تفعل تندم .

1. حذف جواب الشرط :

ـ قال تعالى :"وَلَوْ تَرَى إِذْ وُقِفُوا عَلَى النَّارِ"[147] .
أي [لرأيت أمرا عظيما لا تستطيع وصفه].

1. حذف المعطوف :

ـ قال تعالى :
"لَا يَسْتَوِي مِنْكُمْ مَنْ أَنْفَقَ مِنْ قَبْلِ الْفَتْحِ وَقَاتَلَ أُولَئِكَ أَعْظَمُ دَرَجَةً مِنَ الَّذِينَ
أَنْفَقُوا مِنْ بَعْدُ وَقَاتَلُوا"[148] .
أى : لا يستوى من أنفق من قبل الفتح وقاتل ومن أنفق بعده وقاتل .

11ـ حذف المبتدأ :

ـ قال تعالى :" فَصَبْرٌ جَمِيلٌ"[149]. أي [فأمري صبر جميل] . ـ قال الشاعر :
شاكٍ إلى البحر اضطراب خواطري فيجيبني برياحه الهوجاء
والتقدير : [أنا شاكٍ] .
ـ ومثله : " قال لى كيف أنت ؟ قلت:......عليلٌ " أى [أنا عليل] .

12 ـ حذف الفعل :

قال تعالى :" وَلَئِنْ سَأَلْتَهُمْ مَنْ خَلَقَ السَّمَاوَاتِ وَالْأَرْضَ لَيَقُولُنَّ اللَّهُ "[150].
أى : [خلقهن الله] .

1. حذف الخبر :

ـ قال الشاعر:ـ
نحنُ بما عندنا وأنت بما عنـــدك راض والرأى مختلف
أى : [نحن بما عندنا راضون] .

1. بناء الفعل للمجهول :

ـ قال تعالى :" وَأُلْقِيَ السَّحَرَةُ "[151].
للدلالة على سرعة امتثالهم لأمر الله تعالى .
ـ قال الشاعر :
لئن كنت قد بُلغت عنى خيانة لمبلغك الواشي أغشَّ وأكذب
وذلك للدلالة على الاحتقار .

1. حذف المفعول به :

ـ قال الشاعر :
إذا ما نعمة وافت لغيري شكرت كأن لى فيها نصيبا
أي [شكرت الله] .
ـ قال شوقى :ـ
اختلاف الليل والنهار يُنْسى اذكرا لى الصبا وأيام أنسى حيث حذف مفعولى
الفعل " يُنسى" لإفادة العموم .

1. حذف الجملة :

قال تعالى :" فَإِذَا قَرَأْتَ الْقُرْآنَ فَاسْتَعِذْ بِاللَّهِ مِنَ الشَّيْطَانِ الرَّجِيمِ "[152].
أى : [إذا أردت قراءة القرآن فاستعذ بالله] .

1. حذف الجمل :

قال تعالى :" اذْهَبْ بِكِتَابِي هَذَا فَأَلْقِهِ إِلَيْهِمْ ثُمَّ تَوَلَّ عَنْهُمْ فَانْظُرْ مَاذَا يَرْجِعُونَ (28) قَالَتْ يَا أَيُّهَا الْمَلَأُ إِنِّي أُلْقِيَ إِلَيَّ كِتَابٌ كَرِيمٌ (29) "[153].

بين الآيتين جمل محذوفة والتقدير :

فأخذ الكتب وذهب به فلما ألقاه إلى بلقيس وقرأته قالت : " يَا أَيُّهَا الْمَلَأُ..." كما قال البلاغيون .

18- حذف الصفة :

قال تعالى: " أما السفينة فكانت لمساكين يعملون فى البحر فأردت أن أعيبها وكان وراءهم ملك يأخذ كل سفينة " [154] أي : كل سفينة صالحة .

19- حذف الموصوف

قال تعالى " وعندهم قاصرات الطرف أتراب "[155] أى : حور قاصرات الطرف

قال تعالى " إلا من تاب وآمن وعمل صالحا "[156] أى : عملا صالحا .

اكتفى بالصفة عن الموصوف فى الآيتين لذيوع الصفة وشهرتها .

ثانيا: الإطناب

هو " زيادة اللفظ على المعنى لفائدة ، أو هو تأدية المعنى بعبارة زائدة عن متعارف الأوساط ، لفائدة تقويتة وتوكيده " .

والغرض منه: تقوية المعنى وتوضيح المراد ، ورفع الإبهام والغموض والتوكيد .

*أنواع الإطناب

1.التكرار: ويأتى لأغراض كثيرة منها :

- إبراز المعنى وتقريره :قال تعالى :"فَإِنَّ مَعَ الْعُسْرِ يُسْرًا (5) إِنَّ مَعَ الْعُسْرِ يُسْرًا"[157].

- التذكير بنعم الله التى لا تحصى ولا تعد,قال تعالى:"فَبِأَيِّ آلَاءِ رَبِّكُمَا تُكَذِّبَانِ"[158].

تكرار الآية السابقة بعد كل نعمة يفيد بيان نعم الله الكثيرة والتذكير بها . - المبالغة فى التحذير والتنفير : مثل قوله تعالى:"وَيْلٌ يَوْمَئِذٍ لِلْمُكَذِّبِينَ"[159]وغيرها من الأغراض التى تفيد توكيد المعنى.

1. ذكر الخاص بعد العام :

- قال تعالى :"تَنَزَّلُ الْمَلَائِكَةُ وَالرُّوحُ فِيهَا بِإِذْنِ رَبِّهِمْ مِنْ كُلِّ أَمْرٍ "[160].
فـقد ذكر جبريل مرتين : مرة مع الملائكة ، ومرة منفردا وفى ذلك تكريم له وتعظيم لشأنه .

- قال تعالى :"حَافِظُوا عَلَى الصَّلَوَاتِ وَالصَّلَاةِ الْوُسْطَى"[161].

1. ذكر العام بعد الخاص :

- قال القرآن الكريم :

" رَبِّ اغْفِرْ لِي وَلِوَالِدَيَّ وَلِمَنْ دَخَلَ بَيْتِيَ مُؤْمِنًا وَلِلْمُؤْمِنِينَ وَالْمُؤْمِنَاتِ "[162].
وفى ذلك اهتمام وعناية بالخاص الذي ذكر مرة منفردا ، ومرة مجموعا فى آخر الآية.

1. الإيضاح بعد الإبهام :

وهدفه ـ كما يقول البلاغيون ـ تقرير المعنى فى ذهن السامع بذكره مرتين مرة على سبيل الإبهام والإجمال، ومرة على سبيل التفصيل والإيضاح.
- قال تعالى:" وَقَضَيْنَا إِلَيْهِ ذَلِكَ الْأَمْرَ أَنَّ دَابِرَ هَؤُلَاءِ مَقْطُوعٌ مُصْبِحِينَ"[163].
كلمة " الأمر " مبهمة، والتفصيل والإيضاح فى جملة " أَنَّ دَابِرَ هَؤُلَاءِ " .

1. التفصيل بعد الإجمال :

- قال تعالى :" وَاتَّقُوا الَّذِي أَمَدَّكُمْ بِمَا تَعْلَمُونَ (132) أَمَدَّكُمْ بِأَنْعَامٍ وَبَنِينَ (133) وَجَنَّاتٍ وَعُيُونٍ (134)"[164].
ذكرت النعم على سبيل الإجمال ، ثم جاءت على سبيل التفصيل بعد ذلك .
وقد يأتى بالمثنى ثم يفسره بعد ذلك وهو ما يسمى " التوشيع " ,مثل :
- قول الرسول ﷺ " منهومان لا يشبعان : طالب علم ، وطالب مال " .
- ومثل " العلم علمان: علم الأبدان ، وعلم الأديان " .
وقد لا يكون مثنى بل جمعا، مثل قول الشاعر :

ثلاثة تشرق الدنيا ببهجتها شمسُ الضحى وأبو إسحاق والقمر

6- الترادف

يقول الشاعر يرثى الرسول (صلى الله عليه وسلم) :

عطوف عليهم لا يثنى جناحه إلى كنف يحنو عليهم ويمهد

(عطوف) ، (يحنو) : إطناب بالترادف .

ـ ومثل قول الشاعر :

ومتى سألت عن امرئ أخلاقه صدقت عليه أدلة و شواهدا

ـ ومثل قولنا : هذا الطريق مبهم غامض .

7- التعليل :

ـ قال تعالى : " واصبر على ما أصابك إن ذلك من عزم الأمور "[165] .

" إن ذلك من عزم الأمور " . تعليل لما قبلها .

ـ قال الشاعر : ـ

فجودي عليه بالدموع وأعولى لفقد الذي لا مثله الدهر يفقد

(لفقد الذي ...) تعليل لما قبلها .

ـ ومثل قولنا : عليك بالصدق ؛ فإنه طريق الجنة .

ـ ومثل : كفوا عن الشتم ؛ فإنه أسلم لأعراضكم .

8- التذييل :

وهو تعقيب الجملة بجملة أخرى تشتمل على معناها لإفادة التوكيد, مثل قوله

تعالى : "وقل جَاءَ الْحَقُّ وَزَهَقَ الْبَاطِلَ إِنَّ الْبَاطِلَ كَانَ زَهُوقًا"[166] .

" إِنَّ الْبَاطِلَ كَانَ زَهُوقًا " تذييل لتأكيد الجملة السابقة "زَهَقَ الْبَاطِلُ" .

ـ قال الشاعر :

نزور فتى يعطى على الحمدِ مالَه ومن يعط أثمان المكارم يحمدُ

الشطر الثانى تذييل للشطر الأول .

ـ ومثله قول الشاعر : ـ

لم يُبق جودك لى شيئًا أوملُهُ تركتنى أصحب الدنيا بلا أمل

ـ ومثله :

ولستُ بمستبق أخا لا تلمْهُ على شعتٍ أئُ الرجال المهذب

(أى الرجال المهذب) تذييل لما قبله .

9- الاحتراس : (التكميل)

يعرفه البلاغيون بقولهم :

" هو أن يؤتى بعد كلام يو هم خلاف المقصود بما يدفع ذلك الإيهام ، يعنى أن الاحتراس يوجد حينما يأتى المتكلم بمعنى ، يمكن أن يدخل عليه فيه لوم ، فيفطن لذلك ، ويأتى بما يخلصه " .

ـ مثل : قال تعالى :"وَأَدْخِلْ يَدَكَ فِي جَيْبِكَ تَخْرُجْ بَيْضَاءَ مِنْ غَيْرِ سُوءٍ"[167].
" مِنْ غَيْرِ سُوءٍ " احتراس من الأمراض مثل : البرص .

ـ قال الشاعر :

أشد من الرياح الهوج بطشا وأسرع فى الندى منها هبوبا

الشطر الثانى احتراس حتى لا يظن السامع أنه عنف كله ، بل هناك سماحة وكرم .

ـ قال الشاعر :

وسقى ديارك غير مفدسها صوب الربيع وديمة تهمى

" غير مفدسها" احتراس عن المطر الشديد الذى يسبب الدمار والخراب .

ـ ومثل : " أذل الله كل عدو لك إلا نفسك " . [إلا نفسك] احتراس حتى لا يظن السامع أن المتحدث يدعو عليه بالذل والإهانة ؛ لأن النفس أكبر عدو للإنسان .

10ـ الاعتراض : و هو عند البلاغيين :

" أن يؤتى فى أثناء الكلام ، أو بين كلامين متصلين فى المعنى بجملة معترضة أو أكثر لا محل لها من الإعراب " وله أغراض متعددة منها :

أ) الدعاء : اعلم ـ وفقك الله ـ أن العلم نور.

يقول الشاعر :

إنَّ الثمانيــن ـ وبـــلـــغتها ـ قد أحوجت سمعى إلى ترجمان

ب) التنبيه : مثل قول الشاعر :

واعلم ـ فعلم المرء ينفعه ـ أن سوف يأتى كل ما قدرا

ويقول الآخر :

فلا هجره يبدو ـــــ وفى اليأس راحة ـــــ ولا وصلة يبدو لنا فنكارمُهُ

ج) التنزيه :

ـ قال تعالى :"وَيَجْعَلُونَ لِلَّهِ الْبَنَاتِ سُبْحَانَهُ وَلَهُمْ مَا يَشْتَهُونَ"[168].
" سبحانه " تنزيه لله تعالى .

د) زيادة التأكيد :

قال تعالى :"قَالَتْ رَبِّ إِنِّي وَضَعْتُهَا أُنْثَى وَاللَّهُ أَعْلَمُ بِمَا وَضَعَتْ وَلَيْسَ الذَّكَرُ كَالْأُنْثَى وَإِنِّي سَمَّيْتُهَا مَرْيَمَ"[169]"
وَاللَّهُ أَعْلَمُ بِمَا وَضَعَتْ" اعتراض بفيد تأكيد المعنى.

هـ) الاستعطاف :

يقول الشاعر :

وخفوق قلب لو رأيت لهيبه ـ يا جنتى ـ لرأيت فيه جهنمُ

" يا جنتى " اعتراض يفيد الاستعطاف .

و) التهويل :

ـ قال تعالى :"وَإِنَّهُ لَقَسَمٌ لَوْ تَعْلَمُونَ عَظِيمٌ"[170].

" لو تعلمون " اعتراض يفيد التهويل .

11ـ الإيغال :

وهو" المبالغة فى التوضيح ، وختم الكلام بما يفيد تأكيد المعنى".

ـ مثل قول الشاعر :

أنت فى خاطرى كصخرة موسى يستوى فوق رَبْعِها الأهرام

فقد جعل مكانة الممدوح عالية معروفة مثل جبل الطور فى العظمة والعلو ،
ثم جاء بكلمة "الأهرام" لتأكيد العلو والسمو , وكأنه جبل فوق جبل .

ـ ومثله قول الخنساء :

فإن صخرا لتأتم الهداة به كأنه علم فى رأسه نارُ

فقد شبهت أخاها بالجبل المرتفع المعروف ثم جعلت فى رأس الجبال نارا ،
مبالغة فى السمو والارتفاع والعلو .

12ـ التكميل : (التتميم) :

" وهو زيادة كلمة أو أكثر توجد فى المعنى حسنا".

أو " هو أن يؤتى بزيادة لفظية تزيد المعنى حُسنا وكمالا" .

ـ مثل قوله تعالى : "وَيُطْعِمُونَ الطَّعَامَ عَلَى حُبِّهِ مِسْكِينًا وَيَتِيمًا وَأَسِيرًا "[171].

على حبه " تتميم يدل على كرمهم وبذلهم المال برغم حبهم له " .

المبحث الثالث
(أسلوب القصر)

يعرفه البلاغيون بقولهم :ـ " تخصيص أمر بآخر بطريق مخصوص ، أو هو : إثبات الحكم لما يذكر فى الكلام ، ونفيه عما عداه لإحدى طرق القصر " .
فمثلا :ـ" ما فاز إلا المجتهد " .
معناه تخصيص الفوز بالمجتهد ، ونفيه عن غيره ممن يظن فيه ذلك .
طرق القصر

1.النفى والاستثناء

* مثل : (ما الرجل إلا صادق) .
*مثل قولنا : لا إله إلا الله .
*قال تعالى :" حَتَّى إِذَا جَاءُوكَ يُجَادِلُونَكَ يَقُولُ الَّذِينَ كَفَرُوا إِنْ هَذَا إِلَّا أَسَاطِيرُ الْأَوَّلِينَ"[172].
وقد يستخدم الاستفهام أو النهى مع الاستثناء ،مثل قوله تعالى :
"هَلْ جَزَاءُ الْإِحْسَانِ إِلَّا الْإِحْسَانُ"[173].
فقد قصر جزاء الإحسان على الإحسان عن طريق الاستفهام والاستثناء .
*قال الشاعر :
لا يدرك المجد إلا سيدٌ فطن لما يشق على السادات فعال
قصر إدراك المجد على السيد الفطن المدرك ما يشق على السادة الكرماء عن طريق النفى والاستثناء .
*مثل قولنا : " لا تصاحب إلاَّ الصادق " عن طريق النهى والاستثناء .
وتستخدم هذه الوسيلة فيما ينكره المخاطب ويدفعه وفيما يشك فيه ويرتاب .

1.إنما

وهى تفيد القصر لتضمنها معنى النفى والاستثناء ، والمقصور عليه دائما هو المتأخر ، مثل قوله تعالى :"قَالَ إِنَّمَا الْعِلْمُ عِنْدَ اللَّهِ"[174].
فالعلم بوقوع العذاب ـ كما جاء فى مضمون الآيات ـ عند الله وحده ، ليدل على القصر .

* قال الشاعر :

وإنما الأمم الأخلاق ما بقيت فإن هم ذهبت أخلاقهم ذهبوا

في البيت قصر موصوف على صفة ، ويعنى قصر الأمم على الأخلاق ليدل على أهمية الأخلاق فى بناء الشعوب .

1. العطف بـ لكن ، بل ، لا

هذه الادوات تفيد القصر ولكنها تختلف فى أن المقصور عليه مع " لا " هو المعطوف عليه ، ومع " بل " ، " لكن " هو المعطوف .

* قال الشاعر :

عمر الفتى ذكره لا طولُ مدته وموتُه خزيه لا يومه الدانى

فقد قصر عمر الإنسان وحياته على الذكر الطيب وليس طول البقاء ، وقصر كذلك الموت على الخزي والهوان وليس مفارقة الحياة .

*قال الشاعر :

ليس اليتيم الذى قد مات والده بل اليتيم يتيم العلم والأدب

فقد قصر الشاعر اليتيم على صفة الجهل والحرمان من العلم والأدب وليس على فقد الأب

* قال الشاعر:

وما انسدت الدنيا على لضيقها ولكن طرفا لا أراك به أعمى

فالشاعر يجعل فقده المخاطب عمى أصابه وليس العمى بسبب ضيق الدنيا وظلامها عليه .

1. تقديم ما حقه التأخير

*قال تعالى:"وَلِلَّهِ مُلْكُ السَّمَاوَاتِ وَالْأَرْضِ"[175] .

ففى الآية الكريمة قصر الملك على الله وحده لا شريك له .

* قال الشاعر :

إلى الله أشكو لا إلى الناس أنَّني أرى الأرض تبقى والأخلاء تذهب

فقد قصر الشكوى لله وحده لا لأحد من الناس .

1. ضمير الفصل

ضمير الفصل هو ضمير يذكر بين المبتدأ والخبر ،أو بين ما أصلهما المبتدأ و الخبر مثل : شوقى هو الشاعر ، أصبح شوقى هو الشاعر .

- وهو حرف باتفاق النحاة لا محل له من الإعراب .

- وفيه قصر للصفة على الموصوف ، وجعل المسند مقصورا على المسند إليه .

*قال تعالى :" إِنَّ اللَّهَ هُوَ الرَّزَّاقُ ذُو الْقُوَّةِ الْمَتِينُ "[176].

ففى الآية قصر لصفة الرزق على الله عز وجل .

*قال تعالى :"إِنَّ شَانِئَكَ هُوَ الْأَبْتَرُ "[177].

ففى الآية قصر لصفة " الأبتر " المقطوع من كل خير على عدو رسول الله ﷺ

.

<u>1.تعريف المسند والمسند إليه بـ" أل " الجنسية</u>

عندما يكون المسند أو المسند إليه معرفا بـ أل الجنسية فإن ذلك يدل على القصر , مثل قولنا : " محمد الكريم " .

ـ قال الشاعر :

يا أعدل الناس إلا فى معاملتى فيك الخصام وأنت الخصم والحكم

ففيه قصر للصفة على الممدوح وهذا يدل على شدة حب الشاعر له ، فهو لا يهتم بأحد سواه ، والذى يؤرقه هو ما وقع بينهما من خصام .

المبحث الرابع
فوائد بلاغية (التقييد و الإطلاق)

***التقييد**

ذكر بعض متعلقات الفعل كالمفعول به ،أو الحال،أو الظرف ،أو النعت ....
الخ

***الإطلاق:** تجرد الفعل من المتعلقات .

وسوف نشير بإيجاز ــ إلى بعض الدلالات البلاغية لمتعلقات الفعل .

أولا : النعت:

من أغراض التقييد بالنعت :

أ) تخصيص المنعوت بصفة تُميزه إذا كان نكرة ، وتوضيح المنعوت إذا كان
معرفة، مثل :

ــ جاء رجلٌ عالمٌ باللغة . (تخصيص)

ــ جاء محمد العالم باللغة . (توضيح)

ب) إفادة المدح او الذم ، مثل :

ــ قوله تعالى:"بِسْمِ اللَّهِ الرَّحْمَنِ الرَّحِيمِ". (مدح)

ــ قوله تعالى:"فَإِذَا قَرَأْتَ الْقُرْآنَ فَاسْتَعِذْ بِاللَّهِ مِنَ الشَّيْطَانِ الرَّجِيمِ"[178]. (ذم)

جـ) العموم والشمول والإحاطة ، مثل :

ــ قوله تعالى:" وَمَا مِنْ دَابَّةٍ فِي الْأَرْضِ وَلَا طَائِرٍ يَطِيرُ بِجَنَاحَيْهِ إِلَّا أُمَمٌ
أَمْثَالُكُمْ"[179] .

د) الترحم :

مثل قول الشاعر :ــ

أيهـا البيت العتيـق المشرف

جاءك العبد الضعيف المسرف

فقد وصف نفسه بالضعيف المسرف استعطافا وطلبا للمغفرة والرحمة .

هـ) التأكيد :

قال تعالى :" وَقَالَ اللَّهُ لَا تَتَّخِذُوا إِلَهَيْنِ اثْنَيْنِ إِنَّمَا هُوَ إِلَهٌ وَاحِدٌ"[180] .

ثانيا : التوكيد

من أغراض التوكيد البلاغية :

1.**دفع توهم عدم الشمول** : قال تعالى :"فَسَجَدَ الْمَلَائِكَةُ كُلُّهُمْ أَجْمَعُونَ"[181].

قد يتوهم أحد أن بعض الملائكة سجد والبعض لم يسجد ، فجاء التوكيد ليؤكد العموم والشمول .

1.**زيادة تقرير المعنى وإبراز المؤكد** ، مثل : " هو يعطى بلا حساب " .
2.**دفع توهم السهو أو التجوز** :ـ مثل قولك :

ـ "كتبت أنا القصيدة " ـ "جاءنى الأمير نفسه".

ثالثا: عطف البيان

من أغراضه البلاغية :

1.**توضيح المتبوع باسم مختص به**، مثل : أقبل صديقى عمر .
2.**المدح:** قال تعالى :" جَعَلَ اللهُ الْكَعْبَةَ الْبَيْتَ الْحَرَامَ قِيَامًا لِلنَّاسِ"[182].

" البيت الحرام " عطف بيان وذلك لإفادة المدح .

1.**الذم** : قال تعالى :"مِنْ وَرَائِهِ جَهَنَّمُ وَيُسْقَى مِنْ مَاءٍ صَدِيدٍ"[183].

"الصديد" بيان للماء للدلالة على الذم والاحتقار والقبح .

رابعا : عطف النسق (العطف)

من دلالات حروف العطف :

1.**الواو** : لمطلق الجمع ، (مثل : (قرأت القصة والديوان) .
2.**الفاء** : للترتيب مع التعقيب (قرأت القصة فالديوان) وتفيد سرعة حدوث الفعل
3.**ثم** : للترتيب مع التراخى (قرأت القصة ثم الديوان)هناك وقت ممتد بين الفعلين.
4.**بل** : تفيد الإضراب أى صرف الحكم عن المحكوم له إلى آخر .

(لم أقرأ القصة بل الديوان)صرف الحكم (القراءة)عن القصة وإثباته للديوان .

1.**لا** : تفيد نفى الحكم عما بعدها ، مثل : (قرأت القصة لا الديوان) .

نفى القراءة عن الديوان ، وإثباتها لما قبلها .

1.**لكن** : نفى الحكم عما قبلها، وإثباته لما بعدها،مثل:

(ما قرأت القصة لكن الديوان).

1.**أو** : للتخيير أو للإباحة أو للشك . (قرأت القصة أو الديوان ...) (الشك)

2.**حتى** : تفيد التدرج ,مثل : مات الناس حتى الأنبياء.

أغراض النعت البلاغية تستخرج من دلالات حروف العطف .
ومن تلك الأغراض :

1.**التفصيل مع الاختصار**: مثل قولنا :

-(نجح محمد وعلى) بدلا من (نجح محمد ، ونجح على)
ـ قال الشاعر : ـ
قهرناكم حتى الكماة فأنتم تهابوننا حتى بنينا الأصاغر
[الكماة : جمع كمى وهو الفارس المقدام]
فالشاعر جاء بالمعانى العظيمة من فخر واعتزاز بقومه ثم ذمه لهؤلاء الأعداء
باستخدام " حتى " التى تفيد التدرج بالمعانى علوا أو دنوا فى مقابلة تبرز المعنى
وتوضحه .

1.**رد السامع إلى الصواب مع الاختصار.**

تقول (سافرت إلى القاهرة لا الإسكندرية) .

1.**التشكيك للسامع أو الشك للمتكلم.**

قال تعالى :"وَإِنَّا أَوْ إِيَّاكُمْ لَعَلَى هُدًى أَوْ فِي ضَلَالٍ مُبِينٍ"[184].
قال الشاعر :
وقد زعمت ليلى بأني فاجرٌ لنفسي تقاها أو عليها فجورها

تشكيك السامع فى مزاعمه حتى يعيد قراءة أفكاره وحديثه مرة أخرى ومن ثم يعرف الصواب .

خامسا : البدل
من أغراضه البلاغية :

1.البيان والإيضاح وزيادة التقرير

مثل قوله تعالى :"اهْدِنَا الصِّرَاطَ الْمُسْتَقِيمَ (6) صِرَاطَ الَّذِينَ أَنْعَمْتَ عَلَيْهِمْ"[185] " صراط الذين أنعمت عليهم " بدل من " الصراط المستقيم " وفى ذلك بيان وإيضاح لما قبله .

ـ ومثل قولنا : حضر الأمير محمد .

1.التفصيل بعد الإجمال

ـ قال الشاعر :

بلغنا السماء مجدنا وسناؤنا وإنا لنرجو فوق ذلك مظهرًا

" مجدنا وسناؤنا " تفصيل للإجمال فى قوله " بلغنا " للتوضيح . ـ ومثله قولنا : أعجبنى الولد خلقه .

سادسا : ضمير الفصل
ويؤتى به لأغراض منها :

1ـ التخصيص والقهر

قال تعالى :"أَلَمْ يَعْلَمُوا أَنَّ اللهَ هُوَ يَقْبَلُ التَّوْبَةَ عَنْ عِبَادِهِ "[186] ففى الآية تخصيص قبول التوبة والمغفرة وقصرها على الله تعالى .

2ـ التوكيد

إذا كان فى التركيب مخصص آخر ، كأن تكون الجملة معرفة الطرفين ، مثل قوله تعالى :ـ "إِنَّ اللهَ هُوَ الرَّزَّاقُ ذُو الْقُوَّةِ الْمَتِينُ"[187] . وغيرها من المعانى التى سبق شرحها فى باب القصر .

سابعا : الشرط
الفرق بين " إن ، إذا ، لو "

تختص الأدوات السابقة بخصائص بلاغية معينة ، أما أدوات الشرط الأخرى فتكسب الدلالات من معانيها ، مثل : " متى، أيان " للدلالة على الزمان .... الخ .

*** إنْ : تستعمل فى الاحوال التى يندر وقوعها ، لذلك يتلوها المضارع للدلالة على الشك .**

ـ قال تعالى :"وَإِنْ تُصِبْهُمْ سَيِّئَةٌ بِمَا قَدَّمَتْ أَيْدِيهِمْ إِذَا هُمْ يَقْنَطُونَ "[188].
وذلك ـ كما يقول البلاغيون ـ لإفادة أن إصابة السيئة لهم أمر غير مقطوع به .

ـ قال الشاعر :

إذا أنت أكرمت الكريم ملكته وإن أنت أكرمت اللئيم تمردا

فإكرام اللئيم أمر يندر وقوعه ، لذلك استخدم " إن".

***إذا : تستعمل فى الأحوال التى يتأكد وقوعها ويكثر ، لذلك يتلوها الماضى الذى يدل على التأكيد ويكون جواب الشرط مستقبلا لفعل الشرط .**

* قال تعالى : "وَإِذَا أَذَقْنَا النَّاسَ رَحْمَةً فَرِحُوا بِهَا"[189].
إذاقة الناس قليلا من الرحمة أمر مقطوع به .

* قال الشاعر :

إذا هَمَّ ألقى بين عينيه عزمه ونكب عن ذكر العواقب جانبا

" إذا هَمَّ " دلالة على وقوع القصد والعزيمة والرغبة فى الفعل .

***ـ وقد تستعمل " إن " فى موضع التوكيد ، وتستعمل " إذا " فى موضع الشك ويفهم المراد من ذلك من فهم المعنى والمقصود ، مثل قولنا لإنسان :**

" إنْ مت فسوف تحاسب", فالموت أمر واقع لا محالة ، ولكننا استخدمنا " إن " توبيخا لذلك الذى يشك فى موته ، ولا يستعد له بالعمل الصالح وإن كان يعتقد أنه سيموت .

* قال الشاعر :

إذا رمت عنها سلوة قال شافع من الحب ميعادُ السلو المقابرُ

فهو يحب ويعشق لدرجة لا يستطيع النسيان معها ، وقد استخدم " إذا " وهى تدل على التوكيد مع الرغبة فى النسيان وهى شيء لم يحدث ، لذلك فهى بمعنى " إن " والسر فى ذلك العدول أن الشاعر يؤكد حبه ، وأنه مهما حاول النسيان فلن يستطيع .

وقد تدخل " إن" و " إذا " على الأمور محالة الحدوث وذلك أيضا لغرض بلاغى يُفهم من المعنى, مثل قوله تعالى :

ـ"قُلْ إِنْ كَانَ لِلرَّحْمَنِ وَلَدٌ فَأَنَا أَوَّلُ الْعَابِدِينَ"[190].

" إن كان للرحمن ولد " هذا أمر مستحيل . والغرض من ذلك ـ كما يرى البلاغيون ـ هو إرخاء العنان للمعاندين بفرض ذلك توبيخا لهم .

ـ لو

حرف امتناع لامتناع ، تفيد انتفاء الشيء بسبب انتفاء غيره فى الماضى مع القطع بانتفاء الوقوع [أمر مستحيل الحدوث] .

يأتى بعدها فعلان ماضيان ، مثل قوله تعالى :"وَلَوْ شَاءَ لَهَدَاكُمْ أَجْمَعِينَ"[191] . أى هداية الناس كلهم لن تحدث ؛ لأن الله لم يرد ذلك .

ـ قال الشاعر :

ولو دامت الدولات كانوا كغيرهم رعايا ولكنْ ما لهن دوام

وقد تدخل على المضارع لغرض بلاغى مثل:

ـ إفادة التجدد والاستمرار ، مثل قوله تعالى :

ـ "لَوْ يُطِيعُكُمْ فِي كَثِيرٍ مِنَ الْأَمْرِ لَعَنِتُّمْ"[192] .

ـ أو لتنزيل المضارع منزلة الماضى فى تحقيق الوقوع .

ـ قال تعالى:"وَلَوْ تَرَى إِذْ وُقِفُوا عَلَى النَّارِ فَقَالُوا يَا لَيْتَنَا نُرَدُّ"[193] .

ثامنا : النفى

ـ التقييد بالنفى يكون لسلب النسبة على وجه مخصوص .

ـ **لا : للنفى مطلقا,مثل** : لا يكذب المؤمن .

ـ **(ما ـ إن ـ لات) لنفى الحال إن دخلت على المضارع,مثل** :

ـ ما يفهم الرجل حديث .

ـ **لن : لنفى الاستقبال**

مثل : (لن ينجح المهمل) .

ـ **(لم ، لما)**

لم : للنفى المطلق : (لم ينل الحاسد غرضه)

لما : للنفى حتى زمن التكلم : (جاء الطالب ولما يكتب الدرس) .

المبحث الخامس
(التعريف والتنكير)

وسائل تعريف المسند إليه: وأغراض التعريف:

1- الإضمار: (التعريف بالضمائر)

مثل: (أنا ، نحن) للمتكلم ، (أنت ، أنتم ...) للمخاطب ، (هو ...) للغيبة . ولمعرفة الغرض البلاغى علينا الرجوع لسياق الكلام ؛ لأن استخدام الضمير له دلالات كثيرة منها: التعظيم ، التلطف ، الاعتداد بالنفس والثقة والفخر ، العتاب واللوم ، التقرب ، العموم ، وغيرها من الأغراض البلاغية، مثل :

أ)_قوله تعالى :"إِنَّا نَحْنُ نَزَّلْنَا الذِّكْرَ وَإِنَّا لَهُ لَحَافِظُونَ"[194].

الضمير هنا يفيد الحفظ وتأكيده وذلك كى يطمئن المؤمنون .

ب)- قول النبى (ص) " أنا النبى لا كذب". يدل على الثقة والاعتداد بالنفس .

جـ) العموم والشمول ، مثل قول الشاعر :

إذا أنت لم تعرف لنفسك حقَّها هوانًا بها كانت على الناس أهونا

2- التعريف بالعلمية

من أغراض التعريف بالعلمية : أ)-إحضار معناه فى ذهن السامع باسمه الخاص ليمتاز عمّا عداه ، مثل:

قوله تعالى : " وَإِذْ يَرْفَعُ إِبْرَاهِيمُ الْقَوَاعِدَ مِنَ الْبَيْتِ وَإِسْمَاعِيلُ "[195].

ب)- التبرك : مثل (الله معى) .

جـ) التفاؤل أو التشاؤم: مثل (سرور فى المدرسة) ، (جاء السفاح) .

هـ) التلذذ بذكر العلم، مثل قول الشاعر :

بالله يا ظبيات القاع قلن لنا ليلاي منكنَّ أم ليلى من البشر

3- التعريف بالأسماء الموصولة

يقولون البلاغيون : " أسرار ولطائف التعريف بالموصولية لا يمكن ضبطها واعتبر فى كل مقام ما تراه مناسبا".

ومن أغراض التعريف بالأسماء الموصولة :

أ)-التعظيم : مثل قول الشاعر :

إنَّ الذي سمك السماء بنى لنا بيتا دعائمه أعزُّ وأطولُ

ب)-التنبيه على الخطأ : مثل قوله تعالى:

"إِنَّ الَّذِينَ تَدْعُونَ مِن دُونِ اللَّهِ عِبَادٌ أَمْثَالُكُمْ"[196].

هنا تنبيه للمشركين إشارة إلى خطئهم في العبادة .

جـ) الاستهجان : وهو عدم التصريح بشيء تنفر النفس من سماعه أو النطق به، مثل : الذى جاء صديقى [إذا كان اسمه قبيحا] .

د) التهويل : قال تعالى : "فَغَشِيَهُمْ مِنَ الْيَمِّ مَا غَشِيَهُمْ"[197] . تدل على الأمر العظيم المبهم .

هـ) التشويق : وذلك لتشويق السامع إلى الخبر ،مثل : والذى حارت البرية فيه حيوان مستحدث من جماد

و) إخفاء الأمر : مثل قول الشاعر :
وأخذت ما جاء الأمير به وقضيت حاجاتى كما أهدى

ز) زيادة التقرير والتأكيد: قال تعالى :
"وَرَاوَدَتْهُ الَّتِي هُوَ فِي بَيْتِهَا عَنْ نَفْسِهِ"[198] . فاستخدام الاسم الموصول أفاد ـ كما يقول البلاغيون ـ زيادة التقرير وتأكيد نزاهة وخلق سيدنا يوسف ◈.

4ـ التعريف بالإشارة: ومن أغراضه :

أ) التعظيم : قال تعالى :"إِنَّ هَذَا الْقُرْآنَ يَهْدِي لِلَّتِي هِيَ أَقْوَمُ"[199] .

ب) التحقير : قال تعالى :"هَلْ هَذَا إِلَّا بَشَرٌ مِثْلُكُمْ"[200] .

جـ) كمال العناية وتمييزه أكمل تمييز
هذا ابن خير عباد الله كلهُم هذا التقىُّ النقىُّ الطاهر العلم

د) الإيجاز وتلخيص الكلام، مثل :
قوله تعالى:"ذَلِكَ مِمَّا أَوْحَى إِلَيْكَ رَبُّكَ مِنَ الْحِكْمَةِ"[201] .

هـ) التنبيه على أن المشار إليه جدير بالصفات المذكورة جدير بما يذكر بعد اسم الإشارة.
قال تعالى:"أولئك عَلَى هُدًى مِنْ رَبِّهِمْ وَأُولَئِكَ هُمُ الْمُفْلِحُونَ"[202] .

5ـ التعريف بالألف واللام :
(1) أل العهدية:
وتدخل على المسند إليه بالإشارة إلى فرد من أفراد الحقيقة معهود بين المتكلم والمخاطب.

ـ **إما بتقدم ذكره صريحا** : مثل : قوله تعالى :
"كَمَا أَرْسَلْنَا إِلَى فِرْعَوْنَ رَسُولًا (15) فَعَصَى فِرْعَوْنُ الرَّسُولَ "[203] .

ـ وإما بتقديم ذكره تلويحا: مثل:قوله تعالى :"رَبِّ إِنِّي نَذَرْتُ لَكَ مَا فِي بَطْنِي مُحَرَّرًا فَتَقَبَّلْ مِنِّي إِنَّكَ أَنْتَ السَّمِيعُ الْعَلِيمُ (35) فَلَمَّا وَضَعَتْهَا قَالَتْ رَبِّ إِنِّي وَضَعْتُهَا أُنْثَى وَاللَّهُ أَعْلَمُ بِمَا وَضَعَتْ وَلَيْسَ الذَّكَرُ كَالْأُنْثَى "[204].

(الذكر) لم يسبق صريحا إلا أنه إشارة إلى " ما " فإنهم كانوا لا يحررون لخدمة البيت المقدس إلا الذكور وتسمى (لام العهد الكنائى) .

ـ وإما بحضور بذاته، قال تعالى:"الْيَوْمَ أَكْمَلْتُ لَكُمْ دِينَكُمْ"[205] .

ويسمى عهدًا حضوريا.

(2) أل الجنسية

وتسمى لام الحقيقة وتكون:

أ) لام الجنس أو الحقيقة:

وهى التى يكون مدخولها مرادا به الحقيقة نفسها .

مثل: " الذهب أثمن من الفضة " ، " الرجل خير من المرأة " . وهذا لا ينافى أن بعض أفراد حقيقة المرأة خير من بعض أفراد حقيقة الرجل.

ب) لام العهد الذهنى :

وهى أن يأتى المعرف بلام الحقيقة أو الجنس مرادا به فرد مبهم من أفراد الحقيقة ,قال القرآن :"وَأَخَافُ أَنْ يَأْكُلَهُ الذِّئْبُ وَأَنْتُمْ عَنْهُ غَافِلُونَ"[206].

فالمراد بالذئب فرد من أفراد حقيقة الذئاب.

جـ) لام الاستغراق :

وهى التى تستخدم للإشارة إلى كل الأفراد التى يتناولها اللفظ ، مثل :

قوله :تعالى : "إِنَّ الْإِنْسَانَ لَفِي خُسْرٍ "[207].

يقول البلاغيون : " أى كل إنسان بدليل الاستثناء بعده".

6- التعريف بالإضافة : ومن أغراضه :

أ) الإيجاز : " هذه مدرستى " بدلا من [المدرسة التى أعمل فيها] .

ب) التعظيم : قرأت فى كتاب الله .

جـ) التحقير : مثل قول الشاعر :

أبوك حُبابُ سارقُ الضيف بُرْدَه وجَدّى يا حجاج فارسُ شمرا

د) الاستعطاف والشفقة:

قال تعالى:" لَا تُضَارَّ وَالِدَةٌ بِوَلَدِهَا وَلَا مَوْلُودٌ لَهُ بِوَلَدِهِ"[208]

هـ) تعذر التعدد: ويكون التعريف بالإضافة مغنيا عن تفصيل يتعذر، مثل :

"أهل مصر كرام"

7ـ **التعريف بالنداء**: ويرى البلاغيون أن أغراض التعريف بالنداء،تكون:

1ـإذا لم يُعرف للمخاطب عنوان خاص،مثل:يا رجل

2ـالإشارة إلى علة ما يطلب منه،مثل:يا محمد، اقرأ كتابك

تعريف المسند (المحكوم به)

من أغراض تعريفه كما يقول البلاغيون :-

1-**القصر** (قصره على المسند إليه) ، مثل :

- (شوقى الشاعر) يدل ذلك على قوة شعر شوقى وجماله وروعته فكأن الشعر لا يوجد إلا فيه .-ومثل قول المتنبى :

أنا الذي نظر الأعمى إلى أدبي وأسمعت كلماتي من به صممُ

2-**إفادة السامع حكما على أمر معلوم عنده بأمر آخر مثله بإحدى طرق التعريف** ، نحو :-(هذا الخطيب ، وذاك نقيب الأشراف).

3-**التعظيم** : قال تعالى :

"مُحَمَّدٌ رَسُولُ اللَّهِ وَالَّذِينَ مَعَهُ أَشِدَّاءُ عَلَى الْكُفَّارِ رُحَمَاءُ بَيْنَهُمْ"[209].

(تنكير المسند إليه)

من أغراض التنكير :

1.**التعظيم** : قال تعالى :" وَلَكُمْ فِي الْقِصَاصِ حَيَاةٌ"[210]

- ومثل قوله تعالى : "فَإِنَّ مَعَ الْعُسْرِ يُسْرًا"[211].أى إن مع العسر يسرا عظيما .

1.**التحقير** : قال الشاعر:

ولله منى جانبٌ لا أضيعه وللهو منى والخلاعة جانبٌ

كلمة (جانب) الأولى للتعظيم ، والثانية للتحقير .

1.**التكثير** :

قال تعالى:" وَإِنْ يُكَذِّبُوكَ فَقَدْ كُذِّبَتْ رُسُلٌ مِنْ قَبْلِكَ "[212].أى رسل كثيرة .
قال الشاعر:
وفى السماء نجوم لاعداد لها وليس يكسف إلا الشمس والقمرُ

1.**التقليل** :

ـ مثل قول القرآن:" لَوْ كَانَ لَنَا مِنَ الْأَمْرِ شَيْءٌ "[213].
ـ قال تعالى:

"وَرِضْوَانٌ مِنَ اللَّهِ أَكْبَرُ"[214]. فالقليل من رضوان الله أكبر وأعظم من كل نعيم.

ـ قال تعالى:" وَلَئِنْ مَسَّتْهُمْ نَفْحَةٌ مِنْ عَذَابِ رَبِّكَ "[215]. أى نفحة قليلة.

1. إخفاء الأمر:

مثل قولنا : " قال طالبٌ إنك هجوتنى " طالب نكرة لإخفاء أمره حتى لا يصيبه ضرر.

1. بيان أن المسند إليه فرد غير معين :

قال تعالى :" وَجَاءَ رَجُلٌ مِنْ أَقْصَى الْمَدِينَةِ يَسْعَى "[216].
(رجل) نكرة إذ لا حاجة إلى تعريفه ، فالاهتمام يكون بالخبر خبر القتل لا بمن ينقل الخبر .

1. كراهة أن ينسب إليه شيء :

ويكون ذلك فى سياق المدح والفخر للمبالغة . مثل قول الشاعر :
إذا سئمت مهنده يمينٌ لطول الحمل بدَّلهُ شمالا
فهو يمدح ولم يقل (يمينه) ؛لأن إسناد السآمة إلى الممدوح لا يليق به .
(تنكير المسند)

ومن أغراضه :

1. التعظيم:

قال تعالى :" ذَلِكَ الْكِتَابُ لا رَيْبَ فِيهِ هُدًى لِلْمُتَّقِينَ "[217].
أى : (هو هدى) تنكير كلمة " هدى " أفاد التعظيم تعظيم القرآن .
ـ ومثل قولنا : هذا طالبٌ تفوق كثيرا .

1. التحقير :

مثل قولنا : هذا رجل يهرب عند الشدائد .

1 .لقصد إرادة العهد ـ أو الحصر ـ كما يقول البلاغيون ، مثل :

(أنت طالب ، وهو معلم).

المبحث السادس
(التقديم والتأخير)

للجملة أنماط معروفة معينة، فالجملة الاسمية مثلا تبدأ بالمبتدأ ثم الخبر، ولكن الجملة قد تخرج عن النمط التركيبى المعروف لأغراض بلاغية.
ومن نماذج التقديم ما يلي:

(**أولا : تقديم المسند إليه) (المحكوم عليه**)

(يتقدم الاسم ثم يخبر عنه بالجملة الفعلية) , ومن أغراضه :

1. **تقوية المعنى وتوكيده** : ـ قال تعالى :" وَالَّذِينَ يَدْعُونَ مِنْ دُونِ اللَّهِ لَا يَخْلُقُونَ شَيْئًا وَهُمْ يُخْلَقُونَ "[218].

(وهم يخلقون) تقديم المسند إليه ثم الإخبار عنه بالجملة الفعلية فيه تأكيد لنسبة المخلوقية إلى تلك الآلهة وذلك يوضح عجزها ويبين سفاهة الكفار .
ـ ومثل قوله تعالى:

" قال الذي عنده علم الكتاب أنا آتيك به قبل أن يرتد إليك طرفك "[219].
تقديم الضمير " أنا " ثم أخبر عنه بالفعل " آتيك " لتأكيد قدرة القائل.
ـ ومن مواضعه المشهورة كذلك (مثل ، وغير) إذا وقعتا فى موقع المسند إليه وأخبر عنها بفعل ,مثل قول الشاعر :
وغيري يأكل المعروف سحتا وتشحب عنده بيض الأيادي
تأكيد للمعنى بالكناية ، فغيره يأكل المعروف أي ينكره وهو غير ذلك ـ أى الشاعر .

1. **التخصيص** : وذلك عندما يؤتى بالمسند إليه مسبوقا بحرف النفى لإفادة أن حصول المسند ليس منه بل من غيره .

ـ قال تعالى " واتقوا يوما لا تجزى نفس عن نفس شيئا ولا يقبل منها شفاعة ولا يؤخذ منها عدل ولا هم ينصرون " .
الآية تفيد أنهم خصوصا لا ينصرون فى هذا اليوم ، فلن تنالهم الرحمة .
ـ ومثل قول المتنبى :
وما أنا أسقمت جسمى به ولا أنا أضرمت فى القلب نارا

فغيره هو الذى أسقم الجسد ، وأشعل النار فى القلب .

1.إفادة العموم :

وذلك إذا كان المسند إليه من أدوات العموم،مثل:" كل" و"جميع" .
وجاء بعده مباشرة أداة من أدوات النفى ، مثل :
فكيف وكلٌّ ليس يعدو حمَامه ولا لامرئ عما قضى الله مزحل
(الحمام : قضاء الموت) ـ(مزحل : زوال أو مفر) .
والمعنى نفي أن يعدو أحد من الناس أجله المحتوم .
أما إذا تقدم النفى على ألفاظ العموم، فإنه يفيد سلبها بمعنى ثبوت البعض ونفى
البعض الآخر ، مثل :
ما كلُّ ما يتمنى المرء يدركه تأتى الرياح بما لا تشتهى السفنُ

1.التشويق إلى المتأخر :

وذلك إذا كان المسند إليه مشعرا بالغرابة ، لذلك فهو يثير التشويق .مثل :
والذى حارت البرية فيه حيوان مستحدث من جماد
تقديم المسند إليه (الذى) ثم الخبر بعده (حيوان) ويقصد قضية البعث وإعادة
خلق الإنسان يثير التشويق .

(ثانيا : تقديم المسند)(المحكوم به)

من أغراضه :

1. التخصيص : أى قصر المسند إليه على المسند المتقدم ، مثل :-

أ) قوله تعالى :"لَا فِيهَا غَوْلٌ وَلَا هُمْ عَنْهَا يُنْزَفُونَ"[220]. وذلك لإفادة نفى الغول عن خمر الجنة و إثباته لخمور الدنيا . ب)ـ يقول الشاعر :

تعب كلها الحياة فما أعـجبُ إلا من راغب فى ازدياد

1. التشويق: إلى ذكر المسند إليه ، مثل :

أ)ـ قال رسول الله ﷺ " منهومان لا يشبعان طالب علم وطالب مال " .
ب)ـ يقول الشاعر :

ثلاثة ليس لها إيابُ الوقت والجمال والشباب
ج) ومثل : ثلاثة تورث المحبة : الأدب والدين والتواضع .

1. إظهار التفاؤل:

مثل قولنا للطالب" فى نجاح أنت " ـ قال الشاعر :

سعدت بغرة وجهك الأيام وتزينت ببقائك الأعوام

1. التنبيه من أول الأمر على أن المسند خبر لا نعت ؛ لأن النعت لا يتقدم على منعوته.

مثل قول الشاعر :
له همم لا منتهى لكبارها وهمته الصغرى أجل من الدهر

(ثالثًا : تقديم بعض متعلقات الفعل) (أو ما قام مقامه) عليه

قد يقدم على الفعل أحد متعلقاته كالمفعول به أو الجار و المجرور أو الحال أو الظرف ....إلخ

ومن أغراض التقديم :

1.**التخصيص** : أى القصر . ـ مثل قوله تعالى :"أَلَا إِلَى اللَّهِ تَصِيرُ الْأُمُورُ"[221].

فقد قدم الجار و المجرور" إلى الله "على الفعل " تصير " وذلك لتخصيص الأمر لله وحده لا لأحد سواه .

ـ ومثل قول الشاعر :

بالعلم و المال يبنى الناس ملكهم لم يُبن ملك على جهل و إقلال

1.**الإنكار** :

ـ قال تعالى :"قُلْ أَغَيْرَ اللَّهِ أَبْغِي رَبًّا وَ هُوَ رَبُّ كُلِّ شَيْءٍ"[222] . ـ مثل قولنا " أفى الشر تسعى ؟ " . ـ قال الشاعر:

أبعد المشيب المنقضى فى الذوائب تحاول وصل الغانيات الكواعب

فهو ينكر محاولة الوصل بعد أن ظهر المشيب.

1.**التوكيد و الإهتمام بالمتقدم** :

قال تعالى :" فأما الْيَتِيمَ فَلَا تَقْهَرْ (9) وَأَمَّا السَّائِلَ فَلَا تَنْهَرْ "[223].

ملحوظة :ـ

قد يفيد التقديم المحافظة على الفواصل والاستمرار فى التنغيم الصوتى إلى جانب الاختصاص ، مثل قوله تعالى :" وَرَبَّكَ فَكَبِّرْ "[224].

المبحث السابع
فى الوصل والفصل

<u>أولا : الوصل</u> : عطف جملة على أخرى بالواو ونحوها.
***مواضع الوصل**

1. <u>ما يطلق عليه " التوسط بين الكمالين "</u> وذلك :-

ـ إذا اتفقت الجملتان فى الخبرية والإنشائية لفظا ومعنى ، أو معنى فقط .
ـ ولم يكن هناك سبب يقتضى الفصل بينهما .
ـ كانت بينهما مناسبة تامة .
ـ مثل قوله تعالى :" إِنَّ الْأَبْرَارَ لَفِي نَعِيمٍ (13) وَإِنَّ الْفُجَّارَ لَفِي جَحِيمٍ (14) [225]"

فقد اتفقت الجملتان فى الخبرية لفظا ومعنى ووجدت المناسبة للعطف بينهما .
ـ ومثل قوله تعالى :"قَالَ إِنِّي أُشْهِدُ اللَّهَ وَاشْهَدُوا أَنِّي بَرِيءٌ مِمَّا تُشْرِكُونَ"[226].
والمراد [إن أشهد الله وأشهدكم] فالجملة الثانية إنشائية لفظا خبرية معنى, واتفقت مع الجملة الأولى فى الخبرية مع وجود مناسبة للوصل بينهما .

1. <u>ما يطلق عليه " كمال الانقطاع مع الإيهام "</u>

وذلك إذا اختلفت الجملتان فى الخبرية والإنشائية وكان الفصل يوهم خلاف المقصود ، مثل:ـقولنا: هل تاب العاصى ؟ فتجيب :(لا ، ويهديه الله).
لأن الفصل بينهما يجعل الجملة هكذا (لا يهديه الله) فيوهم السامع أن المتحدث يدعو بعدم الهداية .
ـ ومثلها أيضا قولك لصديق لك : هل شفى والدك من المرض ؟
فيجيب : لا ، وشفاه الله .

1. <u>إذا كان للجملة الأولى محل من الإعراب</u>يوصل بينها وبين الجملة الثانية إذا قصد التشريك فى الحكم الإعرابى ، ووجدت المناسبة المسوغة للعطف ومن الأفضل أن تتناسب الجملتان فى الاسمية والفعلية ، وفى الماضي والمضارعة وفى الأمر والنهى، مثل :-

ـ قوله تعالى :

"قُلِ اللَّهُمَّ مَالِكَ الْمُلْكِ تُؤْتِي الْمُلْكَ مَنْ تَشَاءُ وَتَنْزِعُ الْمُلْكَ مِمَّنْ تَشَاءُ"[227] .

ـ قال الشاعر :

أعطيت حتى تركت الريح حاسرة وجدت حتى كأن الغيث لم يجد

ويكون ذلك ما لم يدع إلى المخالفة ، ومن أغراض العدول عن التناسب بين الجملتين:ـ

1.إفادة التجدد فى إحداهما والثبوت فى الأخرى

قال تعالى :"إِنَّ الْمُنَافِقِينَ يُخَادِعُونَ اللَّهَ وَهُوَ خَادِعُهُمْ"[228] .

فالوصل فى الآية بين جملتين " يخادعون " فعلية ، و " وهو خادعهم " اسمية

ويرى البلاغيون أن ذلك ليفيد تجدد خداع المنافقين ، وأيضا ليفيد أن فعل الله ثابت ودائم ، وفى هذا زيادة فى التنكيل والتعذيب .

1.حكاية الحال الماضية واستحضار الصورة الغريبة فى الذهن

قال تعالى :"فَفَرِيقًا كَذَّبْتُمْ وَفَرِيقًا تَقْتُلُونَ"[229] .

ويرى البلاغيون أن ذلك يدل على أن الأمر فظيع فأريد استحضاره فى النفوس وتصويره فى القلوب .

ثانيا : في مواضع الفصل

الفصل: هو ترك العطف بين الجمل . ويقع ذلك في خمسة مواضع :

1.كمال الاتصال : و هو أن يكون بين الجملتين اتحاد تام معنوي بحيث تنزل الثانية من الأولى منزلة نفسها ، ويكون ذلك :

ـ إذا كانت الثانية منزلة من الأولى منزلة البدل ، مثل :ـ قوله تعالى :"يُدَبِّرُ الْأَمْرَ يُفَصِّلُ الْآيَاتِ لَعَلَّكُم بِلِقَاءِ رَبِّكُمْ تُوقِنُونَ"[230].

جملة (يفصل) بدل بعض من جملة (يدبر) .

إذا كانت منزلة منزلة التوكيد ، مثل قوله تعالى :

"فَمَهِّلِ الْكَافِرِينَ أَمْهِلْهُمْ رُوَيْدًا"[231].

إذا كانت بيانا لها ، مثل قوله تعالى :

" يَا أَيُّهَا النَّاسُ اذْكُرُوا نِعْمَةَ اللَّهِ عَلَيْكُمْ هَلْ مِنْ خَالِقٍ غَيْرُ اللَّهِ يَرْزُقُكُم مِنَ السَّمَاءِ وَالْأَرْضِ "[232].

جملة الاستفهام " هَلْ مِنْ خَالِقٍ.." بيان لقوله " اذْكُرُوا نِعْمَةَ اللَّهِ..." .

1.كمال الانقطاع و هو أن يكون بين الجملتين تباين تام وانقطاع كامل بسبب اختلافهما إنشاء وخبرا ، أو بسبب عدم وجود مناسبة في المعنى ، مثل :ـ ـ قوله تعالى:" وَلَا تَسْتَوِي الْحَسَنَةُ وَلَا السَّيِّئَةُ ادْفَعْ بِالَّتِي هِيَ أَحْسَنُ"[233]. فالجملة الأولى خبرية والثانية إنشائية لذا وجب الفصل .

ومثل :

إنما المرءُ بأصغريه كل امرئ رهن بما لديه

اتفقت الجملتان في الخبرية لفظا ومعنى ، ولكن لم توجد المناسبة التي تسوغ عطف الثانية على الأولى ، ولذا فصل بينهما .

1.شبه كمال الاتصال :

و هو أن تكون الجملة الأولى متضمنة لسؤال تقع الجملة الثانية جوابا له،مثل :

ـ قوله تعالى : ـ "وَمَا أُبَرِّئُ نَفْسِي إِنَّ النَّفْسَ لَأَمَّارَةٌ بِالسُّوءِ"[234].

ـ قال الشاعر :

قال لي كيف أنت ؟ قلت عليل سهر دائم وحزن طويل

وقعت جملة (سهر دائم وحزن طويل) جوابا لسؤال بمعنى : لماذا أنت عليل ؟

أو : ما سبب علتك ؟

1.شبه كمال الانقطاع :

عرفه البلاغيون بقولهم :ـ" أن تكون الجملة مسبوقة بجملتين يصح وصلها بالأولى منهما لوجود المناسبة التى تسوغ الوصل ، ولا يصح عطفها على الثانية ، فيترك العطف دفعا لتوهم العطف على الثانية ، وتصبح الجملة الثالثة بمنزلة المنقطعة عن الأولى بهذا الحائل".

ـ قال الشاعر :

وتظن سلمى أننى أبغى بها بدلا أراها في الضلال تهيم

الجملة الأولى (تظن سلمى) ـ الثانية (أننى أبغى بها) ـ الثالثة (أراها) .

وإذا عطف الثالثة على الأولى يوهم أنها معطوفة على جملة " أننى أبغى ـ" ويصبح المعنى أن سلمى تظن أننى أراها فى الضلال لذلك وجب الفصل .

ـ قال الشاعر :

زعتم أن إخوتكم قريش لهم إلفٌ وليس لكم إلافُ

فصل (لهم إلف) حتى لا يظن السامع أنها من كلامهم .

1.التوسط بين الكمالين مع وجود المانع من العطف

والمانع هو عدم الاشتراك فى الحكم .

قال تعالى :ـ "وَإِذَا خَلَوْا إِلَى شَيَاطِينِهِمْ قَالُوا إِنَّا مَعَكُمْ إِنَّمَا نَحْنُ مُسْتَهْزِئُونَ (14) اللَّهُ يَسْتَهْزِئُ بِهِمْ"[235] .

جملة (الله يستهزئ بهم) فصلت عن جملة (قالوا) ، لأن قولهم ـ كما يرى البلاغيون ـ مقيد بوقت خلوهم إلى شياطينهم أما استهزاء الله بهم فدائم في كل آن ، وليس مقيدا بهذا الوقت .

6ـجملة الحال

جملة الحال قد تقترن بالواو ، وقد لا تقترن فأشبهت الوصل والفصل ويجب وصلها بما قبلها بالواو إذا خلت من ضمير صاحبها .

مثل : (حفظت القصيدة والشمس مشرقة)

ويجب فصلها ـ كما يرى البلاغيون ـ في ثلاثة مواضع :

1. إذا كان فعلها ماضيا بعد " إلا " ، أو قبل " أو " التى للتسوية .

ـ قال الشاعر :
كن للخليل نصيرا جارَ أو عدلا ولا تسح عليه جاد أو بخلا

1. إذا كان فعلها مضارعًا مثبتا أو منفيا بـــــ (ما)، أو (لا) .

ـ مثل قوله تعالى :"وَجَاءُوا أَبَاهُمْ عِشَاءً يَبْكُونَ "[236] . ـ قال الشاعر :
عهدتك ما تصبو وفيك شبيبة فمالك بعد الشيب صبا متيما

1. إذا كانت اسمية واقعة بعد حرف عطف ، أو كانت اسمية مؤكدة لمضمون ما قبلها .

قال تعالى :"ذَلِكَ الْكِتَابُ لا رَيْبَ فِيهِ هُدًى لِلْمُتَّقِينَ"[237].

المصادر والمراجع

1.القرآن الكريم .

2.أسرار البيان ـ د/محمد علي محمد حسنـ الهيئة العامة لشئون المطابع الأميريةـ2001م.

3.الإيضاح في علوم البلاغةـ القزوينيـ تحقيق/مجدي فتحي السيدـ المكتبة التوفيقية.

4.الإيقاع الصوتي في شعر شوقي الغنائي ـد/منير سلطانـ منشأة المعارفـالطبعة الأولى2000م.

5.بلاغة الكلمة والجملة والجملـد/منير سلطانـ منشأة المعارفـالطبعة الثانيةـ1993م.

6.جواهر البلاغة في المعاني والبيان والبديعـأحمد الهاشميـمكتبة الآدابـ1999م.

7.شعر الحب بين جميل بثينة وابن الفارضـد/علاء إسماعيل إبراهيمـ رسالة دكتوراه ـجامعة عين شمس.

8.علم البديعـ د/عبد العزيز عتيقـدار النهضة العربيةـ1985م.

9.علم البيانـ د/ بسيوني عبد الفتاح فيود ـ مؤسسة دار المختار للنشر والتوزيع ـالطبعة الثالثةـ2013م.

10.علم المعاني ـ د/ بسيوني عبد الفتاح فيود ـ مؤسسة دار المختار للنشر والتوزيع ـالطبعة الثانيةـ 2008م.

11.المنار في علوم البلاغةـ د/عبد الحكيم حسن نعناعـ دار الحمد للطبع والنشرـ2003م .

الفهرس

الفصل الأول
علم البيان
أولا:التشبيه
(الاستعارة)
الكناية
المجاز المرسل
الفصل الثاني
علم البديع
أولا المحسنات المعنويـــــــة
(1) الطبـــــاق
(2) المقابلـــة
(3) التوريــة
4- مراعاة النظير
5-تأكيد المدح بما يشبه الذم
6-تأكيد الذم بما يشبه المدح
7- الالتفـات
8-الطَّيُّ والنَّشر
9-حسن التعليل
10-أسلوب الحكيم
11-التتميم
ثانيا :المحسنات اللفظية
1- الجنـاس
2- السجع
3- الترصـــــيع
4- الازدواج
5- حسن التقسيم
6- التصريع
7- المشاكلــــة
الفصل الثالث
علم المعاني
المبحث الأول
(الخبر والإنشاء)
المبحث الثاني
(الإيجاز والإطناب)
المبحث الثالث
(أسلوب القصر)

المبحث الرابع
فوائد بلاغية (التقييد و الإطلاق)
المبحث الخامس
(التعريف والتنكير)
المبحث السادس
(التقديم والتأخير)
المبحث السابع
فى الوصل والفصل
المصادر والمراجع

◇ ◇

---

[1]سورة الرحمن الآية (24)

[2]سورة البقرة الآية (74)

[3]سورة البقرة الآية (265)

[4]سورة الجمعة الآية (5)

[5]سورة إبراهيم الآية (1)

[6]سورة الإسراء 24

[7]سورة الحجرات الآية (1)

[8]سورة الفرقان الآية (27)

[9]سورة لقمان الآية (18)

[10]سورة القمر الآية (13)

[11]سورة الزخرف الآية (18)

[12]سورة الحج الآية (2)

[13]سورة المائدة الآية (75)

[14]سورة المزمل الآية (2)

[15]سورة النساء الآية (92)

[16]سورة البقرة الآية (19)

[17]سورة النساء الآية (2)

[18]سورة طـه الآية (74)

[19]سورة يوسف الآية (36)

[20]سورة نوح الآية (27)

[21]سورة الأعراف الآية (2)

[22]سورة يوسف الآية (83)

[23]سورة العلق الآية (17)

[24]سورة الإنفطار (13)

[25]سورة آل عمران الآية (107)

[26]سورة الفتح الآية (10)

[27]سورة البقرة الآية (194)

[28]سورة غافر الآية (13)

[29]سورة النساء الآية (10)

[30]سورة النحل الآية (98)

[31]سورة الشعراء الآية (84)

[32]سورة الأنبياء الآية (61)

[33]ـسورة الأعراف الآية (122)

[34]ـسورة فاطر الآية (19)

[35]ـسورة غافر الآية (10)

[36]سورة النساء الآية (108)

[37]ـسورة الإسراء الآية (23)

[38]ـسورة الأنعام الآية (44)

[39]سورة يونس الآية (82)

[40]ـسورة الأعراف الآية (60)

[41]ـسورة الأعراف الآية (103)

[42]_سورة الحج الآية (64)

[43]_سورة الرحمن الآية (5-6)

[44]_سورة مريم (88-89)

[45]_سورة يس الآية (22)

[46]_سورة الأعراف الآية (158)

[47]_سورة يونس الآية (22)

[48]_سورة هود الآية (53-54)

[49]_سورة الأعراف الآية (29)

[50]_سورة الحج الآية (31)

[51]_سورة الحج الآية (25)

[52]_سورة الحج الآية (63)

[53]_سورة النمل الآية (87)

[54]_سورة الكهف الآية (47)

[55]_سورة القصص الآية (73)

[56]_سورة الإسراء الآية (12)

[57]_سورة البقرة الآية (215)

[58]_سورة البقرة الآية (189)

[59]_سورة النحل الآية (97)

[60]_سورة الإنسان الآية (8)

[61]_سورة الروم الآية (55)

[62]_سورة الهمزة الآية (1)

[63]_سورة يس الآية (40)

[64]_سورة المدثر الآية (3)

[65]_سورة نوح (13-14)

[66]_سورة الواقعة (28-29)

[67]_سورة النجم (1-2)

[68]_سورة الحاقة (30-32)

[69]_سورة الانفطار (13-14)

[70]_سورة الغاشية (15-16)

[71]_سورة الصافات (117-118)

[72]_سورة الحشر الآية (19)

[73]_سورة المائدة الآية (116)

[74]_سورة الأنعام الآية (151)

[75]_سورة الإسراء الآية (31)

[76]_سورة يوسف الآية (53)

[77]_سورة البقرة الآية (2)

[78]_سورة مريم الآية (4)

[79]_سورة هود الآية (37)

[80]_سورة الطلاق الآية (7)

[81]_سورة المائدة الآية (105)

[82]_سورة النساء الآية (36)

[83]_سورة طه الآية (25)

[84]_سورة لقمان الآية (17)

[85]_سورة الدخان الآية (49)

[86]سورة لقمان الآية (11)

[87]سورة المؤمنون الآية (107)

[88]سورة الطور الآية (16)

[89]سورة البقرة الآية (187)

[90]سورة إبراهيم الآية (30)

[91]سورة الفرقان الآية (9)

[92]سورة الحجر الآية (46)

[93]سورة الأعراف الآية (56)

[94]سورة البقرة الآية (286)

[95]سورة المائدة الآية (101)

[96]سورة طه الآية (94)

[97]سورة المؤمنون الآية (108)

[98]سورة التحريم الآية (7)

[99]سورة القيامة الآية (6)

[100]سورة آل عمران الآية (37)

[101]سورة مريم الآية (73)

[102]سورة القيامة الآية (10)

[103]سورة هود الآية (72)

[104]سورة هود الآية (87)

[105]سورة الأعراف الآية (53)

[106]سورة المائدة الآية (91)

[107]سورة الرحمن الآية (60)

[108]سورة الأنبياء الآية (62)

[109]سورة الإنسان الآية (1)

[110]سورة إبراهيم الآية (10)

[111]سورة الصافات الآية (125)

[112]سورة النساء الآية (144)

[113]سورة الإسراء الآية (40)

[114]سورة الصف الآية (10)

[115]سورة البقرة الآية (218)

[116]سورة ق (2-3)

[117]سورة الحاقة (1-3)

[118]سورة الأعراف الآية (53)

[119]سورة الشعراء الآية (102)

[120]سورة القصص الآية (79)

[121]سورة الطلاق الآية (1)

[122]سورة مريم الآية (44)

[123]سورة المائدة الآية (67)

[124]سورة الزمر الآية (56)

[125]سورة النساء الآية (73)

[126]سورة البقرة الآية (84)

[127]سورة البقرة الآية (179)

[128]سورة الأعراف الآية (199)

[129]سورة الأعراف الآية (54)

[130]سورة التوبة الآية (41)

[131]سورة مريم الآية (20)

[132]سورة يوسف الآية (29)

[133]سورة مريم الآية (4)

[134]سورة يوسف الآية (85)

[135]سورة الشعراء الآية (22)

[136]سورة البقرة الآية (124)

[137]سورة الحج الآية (78)

[138]سورة يوسف الآية (82)

[139]سورة الأحزاب الآية (21)

[140]سورة النساء (160)

[141]سورة الأعراف الآية (142)

[142]سورة الروم الآية (4)

[143]سورة يوسف الآية (32)

[144]سورة الفجر (1 – 4)

[145]سورة التوبة الآية (127)

[146]سورة آل عمران الآية (31)

[147]سورة الأنعام الآية (27)

[148]سورة الحديد الآية (10)

[149]سورة يوسف الآية (18)

[150]سورة الزمر الآية (38)

[151]سورة الأعراف الآية (120)

[152]سورة النحل الآية (89)

[153]سورة النمل (28-29)

[154]سورة الكهف الآية (79)

[155]سورة ص الآية (52)

[156]سورة مريم الآية (60)

[157]سورة الشرح ا (5 – 6)

[158]سورة الرحمن الآية (13)

[159]سورة المرسلات الآية (15)

[160]سورة القدر الآية (4)

[161]سورة البقرة الآية (238)

[162]سورة نوح الآية (28)

[163]سورة الحجر الآية (66)

[164]سورة الشعراء الآية (132 – 134)

[165]سورة لقمان الآية (17)

[166]سورة الإسراء الآية (81)

[167]سورة النمل الآية (12)

[168]سورة النحل الآية (57)

[169]سورة آل عمران الآية (36)

[170]سورة الواقعة الآية (76)

[171]سورة الإنسان الآية (8)

[172]سورة الأنعام الآية (25)

[173]سورة الرحمن الآية (60)

[174] سورة الأحقاف الآية (23)

[175] سورة آل عمران الآية (189)

[176] سورة الذاريات الآية (58)

[177] سورة الكوثر الآية (3)

[178] سورة النحل الآية (98)

[179] سورة الأنعام الآية (38)

[180] سورة النحل الآية (51)

[181] سورة الحجر الآية (30)

[182] سورة المائدة الآية (97)

[183] سورة إبراهيم الآية (16)

[184] سورة سبأ الآية (24)

[185] سورة الفاتحة (6 – 7)

[186] سورة التوبة الآية (104)

[187] سورة الذاريات الآية (58)

[188] سورة الروم الآية (36)

[189] سورة الروم الآية (36)

[190] سورة الزخرف الآية (81)

[191] سورة النحل الآية (9)

[192] سورة الحجرات الآية (7)

[193] سورة الأنعام الآية (27)

[194] سورة الحجر الآية (9)

[195] سورة البقرة الآية (127)

[196] سورة الأعراف الآية (194)

[197] سورة طه الآية (78)

[198] سورة يوسف الآية (23)

[199] سورة الإسراء الآية (9)

[200] سورة الأنبياء الآية (3)

[201] سورة الإسراء الآية (39)

[202] سورة البقرة الآية (5)

[203] سورة المزمل الآية (16-15)

[204] سورة آل عمران الآية (32)

[205] سورة المائدة الآية (3)

[206] سورة يوسف الآية (13)

[207] سورة العصر الآية (2)

[208] سورة البقرة الآية (233)

[209] سورة الفتح الآية (29)

[210] سورة البقرة الآية (179)

[211] سورة الشرح الآية (5)

[212] سورة فاطر (4)

[213] سورة آل عمران الآية (154)

[214] سورة التوبة الآية (72)

[215] سورة الأنبياء الآية (46)

[216] سورة يس الآية (20)

[217] سورة البقرة الآية (2)

[218]سورة النحل الآية (20)

[219]سورة النمل الآية (40)

[220]سورة الصافات الآية (47)

[221]سورة الشورى الآية (53)

[222]سورة الأنعام الآية(164)

[223]سورة الضحى الآية(9- 10)

[224]سورة المدثر الآية (3)

[225]سورة الإنفطار (13 – 14)

[226]سورة هود الآية (54)

[227]سورة آل عمران الآية (26)

[228]سورة النساء الآية (142)

[229]سورة البقرة الآية (87)

[230]سورة الرعد الآية (2)

[231]سورة الطارق الآية (17)

[232]سورة فاطر الآية (3)

[233]سورة فصلت الآية (34)

[234]سورة يوسف الآية (53)

[235]البقرة (15-14)

[236]سورة يوسف الآية (16)

[237]البقرة الآية (2)

www.ingramcontent.com/pod-product-compliance
Lightning Source LLC
Chambersburg PA
CBHW030331160726
47992CB00005B/2243